다문화 사회와 어린이

소아정신과의사가 권하는
다문화 사회 아동정신건강 지키기

다프네 키츠 지음　**김영화** 옮김

CULTURE

AND

THE CHILD

한울
아카데미

이 도서의 국립중앙도서관 출판시도서목록(CIP)은 e-CIP홈페이지(http://www.nl.go.kr/ecip)에
서 이용하실 수 있습니다. (CIP제어번호 : CIP2010000779)

CULTURE
and the
CHILD

A Guide for Professionals
in
Child Care and Development

Daphne Keats
University of Newcastle, Australia

JOHN WILEY & SONS
Chichester · New York · Brisbane · Toronto · Singapore

Culture and the child

A Guide for Professionals in the Child Care And Development

by Daphnes Keats

1997 ⓒ John Wiley & Sons Limited

역자 서문

역자는 소아정신과 의사로 서울 강동구에서 소아정신과를 개원하여 지역 사회의 소아환자들을 돌보고 있다. 최근에는 국제결혼이 늘어나면서 많은 다문화 가정의 어린이들이 병원을 찾게 되었다.

역자가 다문화 가정의 자녀에게 특별히 관심을 가지게 된 동기는 아리랑 TV 주관으로 다문화 가정의 자녀를 진단, 치료한 경험 때문이다. 이 어린이는 어린 시절부터 말이 늦고 다른 사람에게 관심이 없어 가까운 병원에서 '자폐증'이란 진단을 받았다. 그러나 본원에서 진찰한 결과 '선천성 자폐증'이 아닌 환경의 영향으로 발생한 '유사자폐증'으로 밝혀졌다. 이 어린이는 정확한 진단과 부모 교육을 통해 단기간에 건강한 모습을 되찾았다.

이처럼 극단적인 경우가 아니더라도 대다수의 다문화 가정 자녀들은 발달상의 어려움을 겪고 있다. 다문화 가정의 자녀들은 언어 발달이 늦고 학습 발달도 또래보다 느린 경우가 많다. 다문화 가정의 어린이가 말이 늦고 학습 발달이 떨어지는 경우에는 조기에 전문가를 찾아 진단과 치료를 받는 시스템이 필요하다. 그리고 다문화 가정의 어린이들의 정신건강 문제는 진료실에서 치료받기 전에 사회적 관심과 교육을 통한 예방이 더욱 중요하다.

역자는 우리나라보다 먼저 다문화를 받아들인 유럽과 서구의 사례를 찾던 중 호주를 배경으로 연구한 『문화와 아동(Culture and the Child)』을 찾게 되었다. 이 책은 호주의 아동심리학자인 다프네 키츠(Daphne Keats)의 저서로 우리나라보다 일찍 다문화 사회를 맞이한 선진국의 경험에 관한 책이다.

호주는 1970년대부터 백호주의*를 폐기하면서 많은 이민자가 유입되었고 이민자가 늘어나면서 다양한 인종적 문화적 배경을 가진 가정의 어린이들에게 여러 문제점들이 발생했다. 이 책은 이런 문제점을 다룬 지침서 중 하나이다.

현재 호주는 외국인 유치를 통한 이민 정책이 성공한 선진국으로 평가받고 있다. 그리고 이 성공은 40여 년에 걸친 주의 깊은 다문화 정책에 기인한 것이다. 호주의 주요 도시의 각 대학에는 다문화연구센터가 있다. 뉴사우스웨일스주는 2000년, 기회 균등·다문화 존중·다문화 프로그램 참여·다문화와 다언어 보존으로 구성된 다문화법을 만들어 적극적으로 이민자 포용 정책을 펼치고 있다.

뉴캐슬대학의 심리학부 교수인 저자는 다년간 호주와 아시아 아동을 대상으로 비교문화 심리학을 연구했다. 그리고 『문화와 아동』은 문화 관련 시리즈물** 중 첫 번째 저서이다. 1996년 10월에 발간되었으니 지

* 호주 정부가 1901년부터 1973년까지 일관되게 유지했던 비백인의 호주 이민 제한 정책으로 백인 이외의 유색인종의 입국이나 이민을 배척했다. 1975년 인종에 따른 이민 정책은 불법이 되어 백호주의 정책은 사실상 기능이 상실되었다. 호주 정부는 1976년 차별철폐법을 발표했다.
** Wiley사가 출판한 문화와 전문 업무에 관한 시리즈물로는 『Ⅰ. 문화와 아동 (Culture and the Child)』, 『Ⅱ. 문화와 커뮤니케이션(Culture and Communication)』, 『Ⅲ. 문화와 지역 사회 보건(Culture and Community Health)』, 『Ⅳ. 문화와 교육

금부터 10여 년 전의 책이지만 호주의 당시 상황이 우리나라의 현재 상황과 비슷하다고 할 수 있으므로 적용에 큰 어려움은 없을 것으로 생각된다.

대한민국은 다양한 인종과 문화가 섞이는 다문화 시대에 진입했다. 다문화 가정 문제를 현장에서 다루는 사회복지사들과 아동 발달 심리사들, 현지의 초등학교 및 중·고등학교 교사들에게 이 책이 도움이 되었으면 한다. 그리고 유아교육 종사자, 청소년 관련 종사자, 소아과 의사를 비롯한 어린이의 건강한 성장과 발달에 책임이 있는 전문가들에게도 유익한 정보가 되기를 기대한다.

저자가 강조하듯이 "다른 문화 출신의 이주자를 적극적으로 포용하고 그들의 문화를 인정하며 다문화 가정의 어린이들이 자라면서 부모에게서 물려받은 문화적 정체성***에 자부심을 느끼게 하는 것"이 중요하다고 생각된다.

어린이 양육에 책임이 있는 전문가들은 편견 없는 태도로 아이들의 건강한 문화적 정체성 발달을 도와야 한다. 그런 과정을 거친 10~20년 후의 우리 사회는 서로의 문화적 특성을 인정하고 격려하는 건강한 사회로 발전할 수 있을 것이다.

(Culture and Education)』, 『Ⅴ. 문화와 법(Culture and the Law)』이 있다.

*** 문화적 정체성은 이 책의 가장 핵심이 되는 심리학적 개념이다. 아이들은 자라면서 인지발달과 사회적 경험을 통해 자신의 문화적 정체성을 인식하게 된다. 어린이가 자신의 문화적 전통을 존중하고, 자신의 문화적 근본을 받아들이도록 격려해주어야 한다. 전문가들은 그 문화에 대한 존중을 표현하여 어린이가 자신의 문화적 전통에 대해 자부심을 갖도록 해야 한다.

미래의 한국 사회의 주인이 될 다문화 시대의 어린이 정신건강을 위하여 지금부터 체계적인 준비가 필요하다고 생각한다. 그리고 이 책이 이러한 준비에 도움이 될 수 있기를 바란다.

2010년 3월 진료실에서

김영화

서문

　이 지침서는 문화 시리즈 제1권에 해당하며 문화적 요소에 기초한 문제들을 다뤄야 하는 전문가를 지원하기 위한 전문서적으로서, 주류문화와 다른 문화적 배경의 아이들, 특히 자신과 다른 문화 출신의 아이들을 다루는 전문가의 요구에 응하기 위해 집필되었다.

　아동 보육 및 아동 발달과 관련된 전문 분야는 매우 광범위하다. 따라서 심리학자, 유치원 교사, 청소년 지도자, 소아과 전문의, 청소년 판사, 복지사, 가정법원 조정원, 가정 보육사, 보모, 사회보장 상담사 등은 전문가가 다른 문화적 배경의 아이들과 만날 수 있는 수많은 분야 중 일부에 지나지 않는다. 이들 전문가에게는 다양한 문제가 발생하기 마련인데, 오늘날 매우 많은 국가에서 볼 수 있듯이 전문가가 다른 문화적 배경의 아이들을 보육하게 되는 경우에 그 문제의 발생 원인이 아동의 개인적 요인 때문인지 아니면 고려되어야 할 몇몇 문화적 요인 때문인지 판단하는 것은 어려울 수 있다. 따라서 이 소책자가 이러한 문제를 해결하는 데 다소나마 도움이 되기를 바란다. 이 지침서는 이 모든 문제에 대해 이미 정해져 있는 해결책을 제공하기보다는, 전문가의 관심을 자신의 분야에서 발생 가능한 다양한 문제로 유도하고, 전문가 스스로 이에 대한 해결 방법을 찾을 수 있도록 몇 가지 제안을 하는 데 주안점을 둔다.

전문 학술용어 사용과 광범위한 참조를 최소화했으며, 비교문화 심리학자 관점에서 저술했기 때문에 이 분야의 연구서들을 인용했지만, 다른 분야의 독자들은 분명히 자신의 분야 연구서들을 추가로 참고할 수 있을 것이다.

그러나 필자의 경험상, 아동의 문화에 많은 관심을 기울인 아동 발달에 관한 기초 서적은 극소수일 뿐이며, 다문화적 사회 환경에 있는 아이들의 상황을 고려한 서적은 훨씬 더 적다. 이 책이 이러한 격차를 좁히는 데 도움이 되기를 바라지만 그렇다고 아동 발달에 관한 완벽한 텍스트가 될 것으로 기대하지는 않는다. 이 지침서는 실제 상황에서 이러한 문제들에 곧 직면하게 될 전문 연수 과정의 학생들과 이미 이들 문제에 직면하고 있는 전문가들을 위해 집필했으며, 대학 도서관 소장용이 아닌 실제 활용을 목적으로 제작했다. 또한 이를 토대로, 전문가들이 다른 아이들과 그 부모들을 다루는 과정에서 얻을 수 있는 상당한 문화적 풍요로움에 대해 더욱 긍정적으로 인식할 수 있게 되기를 바라는 바이다.

여기에 제시된 수많은 견해의 출처를 모두 언급하는 것은 거의 불가능하다. 그러나 본 서문을 빌려 남편 존의 끊임없는 지원에 감사하고, 비교문화적 연구와 아동 발달 과정에서의 문화의 영향에 대한 연구에서 필자에게 아낌없는 도움을 준 많은 동료들에게 감사의 뜻을 전하려 한다.

특히 말레이시아 케방산대학 출신이자 현재 말레이시아 사바대학교에 재직하는 완 라페이 압둘 라만(Wan Rafaei Abdul Rahman), 중국 베이징 소재 중국과학원 심리연구소의 팡푸치(Fang Fu-Xi), 방콕 소재 행동연구소의 찬차 수바나탓(Chancha Suvannathat), 인도네시아의 싱기

디르가구나르사(Singgih Dirgagunarsa), 아동 및 청소년 발달에 관한 중국 아시아 워크숍의 다른 동료들에게 오랜 기간 동안 이들 아시아 국가에서의 필자의 비교문화적 연구를 지원해준 데 대해 감사를 표하고 싶다.

또한 많은 견해가 여러 연구가들의 저서에서 공식적으로 인용되거나 국제 비교문화 심리학회(International Association for Cross-Cultural Psychology)에서 비공식적인 개인적 접촉에 의해 인용되었다. 본 서문에서는 이들 중 몇 명만 언급하려 한다. 미국의 루드 먼로(Ruth Munroe)와 데버러 베스트(Deborah Best), 터키의 지뎀(Cigdem), 캐나다의 조세핀 나이두(Josephine Naiddo), 카메룬의 밤 은사메낭(Bame Nsamenang), 인도의 자네 판데이(Janek Pandey), 호주의 데니스 매키너니(Dennis McInerney), 영국의 피터 웨인리치(Peter Weinreich), 이 시리즈의 다른 지침서의 저자이기도 한 엘윈 토머스(Elwyn Thomas) 등이 이에 해당한다.

이 책에는 이러한 연구자들에 대해 언급되어 있지만, 여기서 논의된 많은 문제들에 대한 필자의 생각에 이들이 미친 미묘한 영향은 쉽게 표현할 수 없다. 이들의 연구에서 의미 있는 견해를 적절히 인용했기를 기대하지만 만약 결함이 있거나 누락된 부분이 있다면 이는 모두 필자의 불찰에 따른 것이다.

1996년 10월

다프네 키츠(Daphne Keats)

차 례

1장
문화가 아동 발달에 미치는 영향

　이 책은 자신이 속한 사회의 주류문화와 다른 문화적 배경을 가진 어린이를 돌보는 전문가에게 도움이 되고자 하는 목적으로 쓰였다. 그리고 일상생활에서 손쉽게 실용적으로 활용할 수 있도록 쓰였다.

　주로 심리학적인 입장에서 다루고 있지만 연관된 다른 분야의 전문가들인 유아 교육 종사자, 소아과 의사, 사회복지사와 청소년 관련 종사자들에게 유용한 지침서가 되고자 한다. 특히 다문화 사회에 속한 소수민족의 어린이를 돌보는 사람들에게 도움이 되고자 한다.

　이 장에서는 문화가 아동 발달에 어떤 방식으로 영향을 미치는지에 관해 몇 가지 사례를 소개하고 있다. 문화는 부모의 자녀 양육목표와 그 목표를 달성하기 위한 방법에 영향을 주며, 문화적 가치관은 양육 관습을 통해 한 세대에서 다음 세대로 전달된다. 그러나 다문화 사회에서는 자녀들이 사회로부터 새로운 영향을 받게 되고 그에 따라 가족의 기존 가치관이나 기대와 충돌하여 갈등상황을 초래하기도 한다. 여기서는 또한 이러한 상황에 처해 있는 아이들이 겪게 되는 몇 가지 문제점을 제시하고 있다. 맺음말 부분에서는 이후 전개되는 본문의 토대가 될 비교 문화적 연구배경에 대해 서술하고 있다. 본문의 각 장에서는 아이들의 행동 형성에 미치는 문화의 영향과 어린이의 가족관계, 사회적 상호 작용, 문화적 정체성, 동기 부여 및 불안감 형성에 미치는 문화의 영향과 관련해 보다 구체적인 문제를 다룬다. 각 장의 앞부분에서는 해당 문제점을 분석하고 연구 배경에 대해 언급하며, 뒷부분에서는 전문가들이 그 문제점을 다룰 때 필히 직면하는 문제처리 지침을 제시한다.

이 책의 주제는 문화적 배경이 아동 발달에 어떻게 영향을 끼치는가 하는 것이다. 그렇다면 아동의 문화적 배경을 형성하는 것은 무엇일까? 문화적 배경이 어느 정도 유전적인 요소에 의해 결정된다는 것은 명백한 사실이다. 즉 우리는 모두 부모를 통해 유전적으로 연계된 가족 내에서 태어나며, 그에 따라 우리의 민족성과 생물학적 유산이 형성되는 것이다. 그러나 이후 각 장에서 알 수 있듯이 문화는 민족성과 생물학적 유산 이상의 것이다.

문화란 개인의 생활방식을 형성하는 모든 것 즉, 가치관, 직업, 대인관계, 문학, 대중 매체, 살 수 있는 물건들, 달성 가능한 목표 그리고 자연환경을 말하며, 사회에서 축적된 지식을 다음 세대로 전달하는 방식 등을 포함하고 있다. 그리고 과학과 기술, 예술의 발달로 변화되기도 한다.

오늘날에는 문화적 배경이 다른 많은 아이들이 다양한 사회적 환경에서 서로 만나게 된다. 그중 부모의 이주로 인한 경우가 상당 부분을 차지한다. 이주 부모의 자녀들은 다문화 사회에서 교육을 받으며 문화와 민족적 배경이 다른 교사나 아이들과 수시로 접촉하게 된다. 이 외에도 매년 수백만 명의 사람들이 여행을 하며 다른 문화와 접촉한다. 텔레비전과 영화와 같은 국제적인 미디어를 통해 가정에서도 다른 문화를 간접 경험하는데 그 영향력은 강력하고 세뇌적이다. 게다가 우리의 일상적인 생필품조차도 다른 문화의 영향을 받고 있다. 전 세계 대도시 지역에 위치한 상점에서는 식품과 가정용품, 의상과 기타 개인 장신구에서 다른 문화의 영향을 쉽게 찾아볼 수 있다. 텔레비전과 컴퓨터, 국제적인 무역회사들로 인해 문화적 고립은 이제 더 이상 존재하지 않는다. 이러한 현상은 21세기에 성장하는 모든 아이에게 엄청난 의미를 지니며, 앞으로 대다수 국가의 어린이는 다문화적 환경에서 살아가게 될 것이다.

다문화적 환경에서 주류문화와 다른 문화적 배경을 가진 아이들의 욕구를 어떻게 하면 보다 더 잘 이해할 수 있을까? 어떻게 하면 이 어린이들이 주변의 친구나 어른들과 더 효율적으로 상호 작용할 수 있을까? 대다수의 다문화 사회에서 이 아이들은 편견과 따돌림을 경험한다. 다른 아이들의 놀림과 공격의 대상이 되거나 교사를 비롯한 어른들의 편견 때문에 고통을 받기도 한다. 가게나 대중교통, 놀이시설이나 운동장에서 이 아이들은 자신들이 열등한 존재라는 느낌을 받을 수도 있다. 대체로 사람들은 눈, 머리카락, 피부의 색이나 독특한 의상이나 외모를 토대로 이 아이들의 행동과 지능, 태도가 자신들에 비해 뒤떨어질 것이라는 편견을 갖는다. 반면 문화적 다양성을 기꺼이 수용하는 사회에서는 자신들과 다른 신체적 특징을 지닌 사람들을 자신들의 순수한 문화적 전통에 대한 위협이라기보다는 사회의 문화적 풍요로움의 지표로 여긴다.

다문화적 유입이 문화적 위협이 될 것인지 아니면 축복이 될 것인지는 단순히 어느 쪽이 더 많은가 하는 숫자상의 문제일 수도 있다. 하지만 내부적으로 어떤 식으로 분포되어 있는지도 중요하다. 그리고 수치 외에도 특정 사회에서 문화적 차이에 영향을 주는 요소는 매우 다양하다. 앞에서 언급한 외모적 특징뿐 아니라 사용하는 언어, 선호하는 음식과 습관, 학업 동기, 직업에 대한 태도, 대인관계, 종교 등이 모두 많은 영향을 미친다. 사회의 가치관은 자기 자신과 자신의 문화적 유산에 대한 아이들의 인식에 전반적으로 영향을 줌으로써 아이들이 자신의 가치관과 다른 문화집단의 가치관을 수용하도록 독려하거나 배척하도록 부추긴다. 또한 부모는 자신들이 적절하다고 생각하는 방식으로 자녀를 훈육하지만, 학교나 또래집단과 같은 가정 밖의 환경에서는 자녀가 그러한 훈육 방식을 항상 적절하다고 여기지 않을 수도 있다.

아이들은 가정의 규율과 가치관을 배움과 동시에, 부모의 생활방식과 자신의 행동에 대한 부모의 기대가 자신이 중요시하는 다른 사람들도 항상 인정하는 것은 아니라는 사실 또한 조만간 깨닫게 된다. 어린아이일수록 다른 사람들이 자신을 거부하고 있음을 막연하게 느끼지만 그 이유를 모를 수 있다. 만약 그러한 아동이 공격의 대상이 된다면 그 아동은 자신이 공격당하는 이유를 알지 못할 수도 있다. 이 경우 그 아동은 더욱 공격적으로 대응하거나 물리적으로 또는 감정적으로 그 상황을 회피할 수도 있고, 뇌물을 제공하여 공격자를 달래려고 하거나 공격자를 자신의 놀이집단이나 또래집단으로 데려가려고 시도할 수도 있다. 이처럼 아이들은 가정교육과 가치관, 다른 사람들이 자신을 대했던 방식에 비추어 각각 다르게 반응한다.

유아원 교사, 보육사, 청소년 문제를 다루는 심리학자들은 직업상 이러한 행동을 수시로 보게 된다. 이 책에서는 이러한 상황들을 효과적으로 처리할 수 있는 몇 가지 방법을 제시한다. 문제는 문화적 차이에만 초점을 맞추지 않고 다양한 문화적 요소에 민감해지는 것이다. 즉, 모든 문화집단의 구성원은 개인마다 매우 다르기 때문에 각각의 아이를 개별적 관점에서 다룰 수 있는 것이 중요하다. 문화적 차이에만 주의를 기울인다면 어떤 아동의 행동은 개인의 차이가 아닌 전형적인 문화적 차이의 표현이라고 말하고 싶어질 것이다. 사실상 문화적 차이와 개인적 차이는 서로 영향을 미치며, 개인적 차이는 문화적 배경을 토대로 형성되고 제한된다. 이는 동일한 사회 내에서 개인적 차이는 사회 및 경제적 지위, 교육을 포함한 모든 형태의 사회적 경험과 같은 사회적 요소를 토대로 형성되고 제한되기 때문이다.

이 책의 기본 목적은 문화적 차이를 하나의 문제로써 다루기보다 아이들의 생활을 풍요롭게 하는 데 활용할 수 있는 방법을 제시하는 것이다. 따라서 이 책은 아이들과 보육사들이 다른 문화를 보다 잘 이해할 수 있도록 도와줌으로써, 그들이 어른이 되어서도 가질 수 있는 편협한 사고를 줄이고 자신과 다른 문화적 배경의 아이들을 박해하지 않도록 할 것이다. 기존 규범을 없애거나 근본적인 신념을 희생하지 않고도 이것이 가능한지에 대해 의문을 제기하는 사람이 많이 있다. 그러나 이해한다고 반드시 용서하는 것이 아닌 것처럼, 단순히 문화적 토대가 다른 모든 신념이나 관습을 모두 받아들일 필요는 없다. 또한 문화는 정지된 것이 아니기 때문에 가장 전통적인 것일지라도 변하기 마련이라는 사실을 항상 명심해야 할 것이다.

문화와 민족성의 차이

　문화와 민족성의 차이도 고려해야 한다. 이 각각에 대한 정의는 매우 다양하며, 이 두 가지 개념은 흔히 혼동되기 일쑤이다. 언어와 생활방식과 같은 문화적 요소가 민족성의 개념에 포함될 때 이러한 혼동이 야기된다. 토머스(Thomas, 1986: 372)는 다음과 같이 주장한다.

　　민족성에 대한 판단은 통상 다음의 속성 중 한 가지 이상을 토대로 이루어진다.
　　● 민족적 자기정체성(Ethnic self-identity): 자신의 선택에 따름.
　　● 귀속적 민족 정체성(Ascribed ethnic identity): 다른 사람에 의해 부여됨.
　　● 문화적 정체성(Cultural identity): 특정 생활방식에 대한 익숙함의 정도 및 선호 수준에 기초함.
　　● 종족적 정체성(Racial identity): 피부색과 같은 신체적 외양에 기초함.
　　● 국적(Nationality): 출생국 또는 시민권에 기초함.
　　● 혈통(Descent): 부모의 민족성에 기초함.

　토머스는 위 속성들 중 단지 민족적 자기정체성만이 민족적 정체성(ethnic identity)을 확립하는 데 필요충분조건이며, 생물학적 특징과 문화적 성향은 민족성을 정의하는 데 반드시 필요하지는 않다고 주장한다. 그러나 민족성과 민족적 정체성은 서로 다를 수 있다. 즉, 민족성은 본래 타고나는 것이며 민족적 정체성은 개인의 선호 성향에 따라 달라지는 것이다. 따라서 이 책의 목적상, 여기서는 민족성에 대해 보다 제한된 개념을 채택할 것이다. 민족성의 근본적인 조건은 유전적으로 특정 집단과 연결된다는 것이다. 다른 민족과 결혼한 사람은 그 민족의 생활방식을 따르고 그 일원으로 수용되더라도 여전히 다른 민족성을 지니게 된다. 이처럼 민족성이 서로 다른 부모의 자녀는 비록 한쪽 부모의 민족성을 모르거나 사회적으로 용납되지 않을지라도 부모 양쪽 모두의 민족성을 물려받게 된다. 이러한 과정이 몇 세대에 걸쳐 지속되면 아이들은 부모의 민족적 정체성을 자연스럽게 받아들인다. 이 경우, 일부 아이들은 자신의 민족적 배경에 대해 정확하게 모른다. 주류문화 환경에서 성장한 많은 아이들은 자신의 혼합된 민족성에 대해 모른 채 청소년이 되며, 성인이 되어서도 모르는 경우가 많다. 따라서 자신의 민족적 기원의 일부가 자신이 동일시하게 된 사람들이 멸시하는 민족임을 알게 되면 엄청난 충격을 받을 수 있다. 따라서 민족성과 주관적인 민족적 정체성은 항상 동일한 것은 아니다.

문화적 차이는 생물학적 배경보다는 행태, 가치관과 생활방식에서의 물질적인 측면에 의해 만들어지기 때문에 문화적으로 유사한 한 집단에는 민족적 배경이 동일한 구성원뿐 아니라 민족적 배경이 다른 구성원도 포함되어 있을 수 있다. 또한 동일한 민족 집단 내에서도 구성원들은 다양한 문화적 생활방식을 채택할 수도 있다. 따라서 하나의 보육 기관 내에는 민족적 배경은 다르지만 문화적으로 서로 동일한 아이들, 민족적 배경은 유사하지만 문화적으로 서로 다른 아이들, 민족적 배경과 문화가 모두 다른 아이들이 함께 있을 가능성이 매우 높다.

또한 이민 가정의 경우, 여러 세대 동안 동화과정을 거치면서도 기본적인 문화적 가치관은 여전히 바뀌지 않은 채 겉으로는 새로 이주한 사회의 일반적인 기대에 따라 행동하게 된다. 아이들의 경우, 이러한 현상은 학교 규칙에 순응하는 모습에서 매우 뚜렷하게 발견할 수 있으며, 또래집단 관계 특히, 청소년들의 식습관, 옷차림, 스포츠 및 여가활동에서도 발견할 수 있다. 하지만 기본적인 변화가 없다면 이런 현상은 상당히 피상적이다. 이것은 새로운 생활방식을 받아들이려고 하는 아이들의 시도가 부모가 깊이 간직한 문화적 가치관을 거부하는 상징으로 간주되면서 부모자식 간의 갈등의 원천으로 작용할 때 분명하게 드러난다.

아동 발달 목표에의 문화적 차이

아동 발달 목표는 분명하고 구체적인 목표와 미래의 자녀에 대한 보다 막연한 기대를 모두 포함한다. 부모의 아동 발달 목표 중 일부는 가까운 장래에 대한 것이며, 또 다른 목표는 자녀가 성인이 되었을 때 달성하기를 바라는 것이다. 모든 문화에서 아이들은 이들 목표를 향해 나아가도록 훈육을 받는다. 아동 발달 목표는 여러 형태로 나타난다. 즉 특정한 행동이나 가치관, 태도, 관계, 지위가 될 수도 있고, 자신과 가족, 지역 사회에 대한 바람직한 사고와 인식, 지식과 기술의 습득, 물질적 소유가 될 수도 있다. 특히 그 사회의 온전한 구성원임을 전형적으로 나타내 주는 물건을 소유하는 경우가 되기도 한다. 이에 대해서는 나중에 더 상세히 논의할 것이다.

서구 세계에서는 직업을 가지고 결혼해서 아이를 갖고, 집을 사고 차와 텔레비전을 갖는 것이 가장 간절하게 추구하는 목표이다. 그 이유는 이러한 것이 그들 자신의 중요성을 상징하는 가치이기 때문이다. 이와 대조적으로 호주 원주민과 같은 전통적인 문화에서는 완전한 부족 신분의 달성, 가족에 대한 책임감 인지, 부족의 전통적인 전설과 정신적 배경에 대해 정확히 아는 것이 중요한 목표이며 직업이나 집에 대한 소유는 그다지 중요하지 않을 수 있다. 또한 호주나 다른 국가로 이주한 중국인과 같은 이민 가정에서는 자녀가 부모보다 더 부유하고 안정적인 생활을 하고 사회적으로 성공하는 것이 주요 목표가 된다. 따라서 이러한 가정의 부모는 자녀가 자신들보다 더 나은 교육을 받을 수 있도록 하기 위해 직종에 관계없이 열심히 일하며, 고급 전문직을 얻고 이주 국가의 아이들을 능가하기 위해 열심히 노력하도록 자녀들을 독려한다.

그런데 급속히 변화하는 사회에서는 부모의 목표가 자녀에게 영향을 주는 새로운 문화와 종종 충돌한다. 예를 들어, 가족이 대대로 농사를 지어온 농부는 아들이 농장으로 돌아오기를 바라지만, 아들은 대도시에서 컴퓨터 과학자가 되기를 원한다. 또한 부모는 딸이 그들이 인정하는 남자와 일찍 결혼하여 자녀를 많이 낳기를 바라지만, 딸은 대학에 진학하고 해외여행을 하기를 원하거나 부모에게 의지하기보다는 부모와 떨어져 독립적인 생활을 하고 싶어 한다.

이러한 여러 가지 목표에 대한 상대적인 중요성은 문화에 따라, 그리고 가정마다 다르다. 그리고 부모가 무엇이 중요하다고 생각하는지에 영향을 끼치는 요인은 여러 가지이다.

부모 자신의 지위

거의 대부분의 부모는 자녀가 자신들보다 높은 사회적 지위에 있기를 바란다. 부모는 자식들이 보다 높은 사회적 지위로 옮겨가는 것에 대해 체념할 수도 있으며 자신보다 더 좋은 위치로 가는 것을 바랄 수도 있다. 엄격한 신분 제도가 유지되는 사회에서는 부모의 신분과 그 자녀들의 신분은 출생에서부터 결정된다. 자신의 낮은 신분을 운명으로 받아들이는 부모는 자녀들도 그러한 운명에 순응하도록 가르친다. 이러한 가정은 새로운 환경에 적응할 자질이 부족하기 때문에 다른 곳으로 이주할 가능성이 거의 없으며, 인도의 경우와 같이 다문화 사회에서 하급 계급의 소수 민족으로 살아갈 것이다.

반면, 자녀가 보다 나은 삶을 살 수 있도록 하기 위해 자신의 고향을 떠나는 부모들이 많다. 이러한 이민 부모들의 목표는 자신들이 고국에서 누렸던 것보다 더 높은 사회·경제적 지위를 자녀들이 달성하는 것이며, 그 목표를 위해 많은 희생을 감내한다. 부모는 자녀가 자신들 보다 더 나은 교육을 받고 더 높은 사회·경제적 지위를 얻을 수 있도록 하기 위해 종종 고국에서 가질 수 있었던 것보다 더 낮은 지위의 직업을 기꺼이 수용한다. 이러한 문제는 새로 이주한 국가에서 이민 부모의 이전 자격을 인정하지 않는 경우에 많이 발생한다. 이들 부모 중 대다수는 현재의 직업을 기반으로 미래에는 자신의 가족이 적절한 지위를 누릴 수 있게 될 것이라는 희망으로 낮은 지위의 직업으로 인해 손상된 명예를 중화한다. 그리고 자녀들, 특히 아들이 부모를 잘 돌볼 수 있게 되었을 때 부모의 지위가 높아진다고 여길 것이다. 전문가들은 이러한 경우에 부모의 성향을 현재 그들이 종사하는 직업의 지위를 토대로 추정할 수 없다는 것을 알게 될 것이다.

이주 원인이 된 충격적 경험의 영향

난민 가정의 경우, 이전에 경험했던 전쟁, 기아, 정치적 탄압 등의 깊은 정신적 충격이 자녀들에 대한 부모의 목표에 영향을 준다. 단순한 생존의 두려움은 단기간에 극복될 수도 있지만 이전의 빈곤한 생활과 불안감은 이주 후에도 오래도록 잊히지 않는다.

이러한 부모는 자녀의 안전을 지나치게 우려하여 자녀를 보호하는 것이 주요 목표가 되며 그에 따라 부모의 두려움이 자녀에게 전달된다. 이러한 두려움은 특히 고국의 억압적 환경에서 막 탈출했거나 이곳저곳으로 방랑하는 난민자 상황에 처해 있는 어린 자녀들에게서 더욱 뚜렷하게 나타난다. 또한 필리핀이나 이스라엘과 팔레스타인의 경우처럼 출신국 내의 종족 간 전쟁에 희생되는 아이들에게서도 이와 유사한 현상이 나타난다.

종교적 성향과 아동 발달 목표

종교적 성향에서 그 다양성의 범위가 그다지 크지 않은 문화도 있고, 종교적 측면만으로도 정의가 가능한 문화도 있다. 예를 들어, 말레이인이 된다는 것은 곧 이슬람교도가 됨을 의미한다. 그러나 매우 광범위한 종교가 혼재하는 문화에서는 다양한 종교적 신념과 관습이 아동 발달 목표에 어떠한 영향을 줄 수 있는지를 인지하는 것이 중요하다.

이질적인 종교가 동시에 존재하는 사회의 가정에서는 종교적인 목표를 정할 수도 있고 세속적이거나 혹은 이 두 가지를 혼합한 목표를 정할 수도 있다. 그러나 동질적인 종교적 성향이 지배하는 곳에서는 아동 발달 목표를 정하는 데 종교적 지도자의 영향력이 부모의 영향력과 맞먹을 것이다. 게다가 부모는 동일한 전통에서 성장했기 때문에 가치관에 대한 심각한 갈등의 가능성도 크지 않다. 사소한 개인적 차이는 가정 내 관습과 약간의 신념의 차이에서 발생할 수 있다. 그러나 종교에 대해 심각한 회의를 품거나 종교를 거부하게 되면 부모와 자녀 사이에 상당한 갈등이 생길 것이다.

전 세계에 널리 보급된 많은 종교들 중 기독교, 이슬람교, 유대교, 힌두교, 유교, 불교는 아동 발달 목표를 정하는 데 강력한 영향력을 행사해왔다. 이들 각 종교 내에서도 많은 변형 종교를 발견할 수 있다. 또한 현대 사회에서는 종교계 내에서 과학적 인본주의에 대한 거부감이 커져간다. 주류문화와 다른 문화적 배경의 아이들을 다루는 전문가들은 가정의 종교적 배경이 아이들에게 미치는 영향에 대해 알아야 한다. 종교적 성향에 따라 매우 보편적으로 받아들여지는 과학적 개념조차도 인정하지 않으려 할 수 있다. 이러한 강력한 힘은 아동행동의 모든 측면에 상당한 영향을 미치기 때문에 아동 발달 과정에서의 문화의 영향을 고려할 때 간과해서는 안 된다. 세계 곳곳에서 빈번하게 볼 수 있듯이, 종교적 성향이 정치적 목적이나 민족적 자존감과 결부될 경우에는 폭발적인 위력을 발휘할 수 있으므로 경우에 따라 치명적일 수도 있다.

정치적 환경과 아동 발달 목표

이 책은 정치 제도에 관한 서적이 아니다. 그러나 정치적 분위기가 사회에서 온전한 성인으로서 행해야 할 바람직한 행동 기준에 대해 영향을 준다는 것은 분명한 사실이다. 즉, 정치적 환경은 정치적으로 활동적인 사람이 될 것인지 아니면 법을 준수하는 평범한 시민이 될 것인지, 또는 이런 목표를 동시에 가질 수도 있을 것인지, 정치 참여 의무를 적극적으로 수행할 것인지 아니면 개인적인 안전을 위해 정치적 개입을 일체 하지 않을 것인지 하는 등의 목표를 결정하는 데 영향을 미친다.

전쟁과 계파 간 폭동이 빈번하게 발생하거나 어린아이조차 이러한 분쟁에 휘말려 희생되는 국가에서 이주한 가정의 경우, 부모는 자녀에 대한 목표에 새로 이주한 국가의 정치적 문제에 적극적으로 관여하는 것을 선뜻 포함시키지 않을지도 모른다. 이와 반대로 자신들과 동일한 지역 사회 출신의 동포를 정치적으로 지원하기 위해 노력하는 이민 집단도 있다. 이러한 이민 집단의 아이들은 어려움을 더 많이 겪게 된다. 계파적 집단은 아이들이 다른 아이들과 관계를 맺는 데 영향을 미친다. 이에 대한 사례는 마케도니아인, 세르비아인, 크로아티아인 사이의 갈등이나 북아일랜드 신교도와 가톨릭교도 사이의 갈등의 경우처럼 매우 많다. 이들 집단이 세력을 얻게 되면, 정치적으로 연결된 민족·문화적 기구뿐 아니라 유치원과 학교 교육 제도와 대학까지도 분리 설립하려고 시도한다. 이러한 일련의 상황은 그 사회의 아동 발달 목표에 영향을 주고 제한한다. 따라서 역사적으로 빈곤한 생활을 하고 정치적 영향력이 제한되었던 토착 소수 민족의 부모들은 정치적 권력의 획득을 일차적으로 중요한 아동 발달 목표로 여길 수 있다.

아동 발달 목표로서 대인관계 능력

　많은 부모들에게 가장 중요한 아동 발달 목표는 일상생활에서 연관된 다른 사람들과 효과적으로 관계를 맺는 능력을 갖추어 온전하게 사회화한 성인이 되는 것이다. 일부 문화에서는 다른 어떤 능력보다 대인관계 능력을 강조한다. 하지만 바람직한 대인관계 능력은 문화마다 그 형태가 다르며, 동일한 문화 내에서도 다양하게 나타난다.

　집단의 유지가 개인의 욕구보다 더 중요시되는 곳에서는 집단의 분열을 막고 다른 사람들과 조화를 이루는 데 초점을 맞춘다. 또한 가부장적인 문화에서는 아버지와 자녀들, 남편과 아내, 할아버지와 손자들 간의 계층적 관계에 순응하는 것이 성숙한 성인의 바람직한 행동으로 여겨진다. 이와 대조적으로 보다 덜 계층적인 사회에서는 개인적인 차원에서 인간관계가 결정되며, 성인은 개인적인 성향과 가치관에 따라 자유롭게 대인관계를 맺는다. 또한 동일 사회 내에서도 그 지위에 따라 정해진 규범에 순응하는 정도가 달라진다.

아동 발달 목표로서 지식과 능력

　인지 능력이나 비즈니스 수행 능력 또는 기술적 능력 등 그 분야에 상관없이, 부모는 자녀들이 원하는 분야에서 뛰어난 능력을 갖추기를 바란다. 그에 따라 부모는 이러한 목표에 이르는 과정에서 부딪히는 난관을 극복하기 위해 자녀들에게 우수한 학업 성적을 달성하도록 독려한다.

그러나 문화적 배경과 관계없이 더 없이 훌륭한 이 목표와 관련하여 아이들에게 몇 가지 심각한 문제가 발생할 수 있다. 하나는 목표 달성에 대한 압박감으로 인해 많은 아이들에게 발생하는 심한 불안감이다. 또 다른 하나는 부모가 목표를 설정하는 데 비현실적일 수 있다는 것이다. 부모가 자녀들의 의견을 무시한 채 정한 목표는 자녀들과 많은 갈등을 초래할 수 있다. 또한, 일부 소수 민족에게 능력에 대한 전통적인 개념이 동일 사회 내 대다수 다른 사람들의 생각과 다를 수 있다.

아동 발달 목표에서의 성차별

전통적 사회 구조가 강하게 유지되는 곳에서는, 성별에 따른 역할이 엄격하게 구분되는 경향이 있다. 통과의례를 거치면서 남자아이와 여자아이는 서로 격리되고 의무 또한 문화적 관념에 기초하여 성별에 따라 각각 다르게 주어진다. 예를 들어 호주 원주민 부족의 경우, 남자아이는 부족의 전통에 따라 성인식을 치르고 나면 성인의 지위를 갖게 되고 여자아이들과 완전히 격리된다. 또한 맡는 일도 성별에 따라 나눠진다. 사냥은 남자의 일이며 종자 채집은 여자의 일이다. 게다가 대부분의 종교적 의례 장소가 남성 전용과 여성 전용으로 분리되어 있다.

이러한 성별에 따른 분리는 단지 전통적인 부족 문화에서만 발견되는 것은 아니다. 많은 문화에서 아동 발달 목표는 성별에 따른 역할 수행과 자아개념을 만들어내는 것이다. 최근 서구 사회에서 강력한 여권

신장운동이 일어나고 있는데 전통적인 성 역할 분리는 대부분의 사회에서 여전히 지배적으로 남아 있다.

문제는 부모는 더 많은 성 역할 구분을 원하는 반면 보육원 교사는 역할의 다양성을 더욱 촉진하려고 할 때 발생한다. 이러한 문제는 보육원 교사가 전통적인 남성적 행동을 금지하거나 여자아이에게 자신의 생각을 더욱 분명하게 표현하도록 격려하고 일찍 결혼하여 자녀를 낳는 것보다 고급 전문직과 경제적 역할에 대한 열망을 불어넣을 때 더욱 심각해진다.

이들 문제가 위기 수준에 다다르는 시기는 의심할 여지 없이 청소년기이다. 이 시기에는 여자아이와 남자아이 모두 사고의 폭이 넓어지고 가정의 영향과 별도로 외부의 영향을 많이 받는다. 다문화 환경에서 또래집단과 학교, 대중 매체를 비롯하여 청소년들이 공공장소에서 보게 되는 것은 모두 그들의 시각을 넓히는 데 기여할 수 있으며, 이는 부모의 기대에 대한 잠재적 위협이 될 수 있다.

일부 부모는 적절한 성 역할은 유치원 시기부터 발달시켜야 한다고 생각하며, 그러한 바람직한 성 역할 구분이 제대로 이루어지지 않는 것 같다고 우려한다. 이러한 부모들은 남자아이가 실내에서 인형을 가지고 놀고 여자아이가 자동차를 갖고 놀거나 몹시 거친 실외 게임에 참여하는 것을 유치원 교사가 허용하기 때문에 이러한 사태가 발생한다고 생각한다. 많은 유치원 교사들이 이러한 불만으로 가득 찬 부모의 방문을 받을 것이다. 하지만 이것이 문화적인 것인지 아니면 개별 가정의 특성인지를 구별하는 것은 명확하지 않다.

아동 발달 과정에서의 문화적 차이

아동 발달 목표가 크게 다르지 않을 경우에도 그 목표를 달성하는 방식은 매우 다양하다. 문화는 부모를 비롯한 다른 사람들이 아동 양육 방식을 결정하는 데 많은 영향을 미친다. 또한 문화는 아이들에게 바람직한 행동과 가치관을 강화하는 표준 모델을 제공한다. 이러한 과정에서 문화에 따른 차이는 매우 크게 나타난다. 또한 부모들의 양육 방식이 전문가들과 다를 때, 아이들은 혼란에 빠지게 되고 냉담한 태도나 반항적인 태도를 취할 수 있다.

가장 보편적으로 사용되는 방법은 격려와 처벌, 바람직한 행동에 대한 본보기이다. 격려의 방법에는 보상을 해주는 것, 도덕적으로 올바른 일을 했다고 말해주는 것, 성취에 대한 칭찬 및 경쟁심을 부추기는 것 등이 있다. 또한 대부분의 문화에서는 아이들이 부모와 권위적 대상에 대해 순종할 것을 기대하며 불복종하거나 바람직하지 않은 행동을 하는 것을 저지하기 위해 여러 가지 방법을 사용한다. 흔한 방법으로는 훈계, 특권 박탈, 다양한 신체적 처벌, 종교적 금기, 애정 박탈의 위협 등을 들 수 있다.

이러한 방법은 모든 문화에서 발견되지만 그중 어떠한 것을 더 많이 사용하는가 하는 것은 문화마다 매우 다르다. 예를 들어 전통적으로 자녀를 순종하도록 하기 위해 흔히 신체적 처벌을 가하는 문화에서 자란 부모인 경우 그 자녀 또한 동일한 방식으로 양육될 가능성이 높다. 엄격한 성별 구분이 올바른 행위로 인정되는 문화에서는 보다 '남성적인' 신체적 처벌이 남자아이에게 가해지며, 보다 '여성적인' 박탈 처벌이 여자아이에게 가해진다. 게다가 신체적 처벌은 남자아이들 사이에서 또 다른 신체적 폭력을 부추기며 여자아이들은 더욱 두려움을 느끼게 되고 온순해진다. 이와 동시에 남자아이의 바람직하지 못한 격한 행동은 사내다움을 보여주는 것으로 인정받고, 겉으로는 야단치지만 속으로는 인정하는 부모의 겉과 속이 다른 메시지가 말과 행동으로 남자아이뿐 아니라 여자아이에게도 전달된다.

또한 어떤 문화에서는 연령대에 따라 다른 방법을 사용해야 한다고 생각한다. 신체적 위험을 초래할 수 있는 단순한 주의 상황의 경우, 큰 아이들에게 신체적 처벌을 가하지 않는 대다수의 부모는 그보다 어린 아이는 가볍게 찰싹 때림으로써 주의를 줄 것이다. 처벌이 즉각적으로 이루어져야 하는 전형적인 위험한 상황은 아이가 뜨거운 난로나 전기 콘센트를 만지거나 만지려고 시도할 때이다.

많은 문화에서 큰 아이들은 말로 타이르는 경우가 더 흔하다. 이러한 타이름은 종종 이성에 기초한 호소, 위협 또는 애정의 박탈로 이루어지게 된다.

그러나 말에 의한 훈계의 방법을 거의 사용하는 않는 문화도 있다. 이러한 문화의 아이들은 어른의 모범적인 행동을 조용히 관찰하고 그러한 행동을 놀이에서 재현해보도록 독려된다.

이러한 문제들은 아이의 사회성 발달과 인성에 대한 부모와 보육 교사의 교육 방식에서 문화적 차이에 따른 영향을 다루게 될 이후 여러 장에서 더 상세하게 논의될 것이다. 어떤 방법을 사용하는 것과 관계없이, 아이들은 부모와 다른 사람들의 동기와 행동에 대해 수동적으로 그저 받아들이기만 하는 것이 아니라 동시에 적극적으로 반응하면서 점차 자신에 대해 생각할 수 있게 된다.

이때 특히 문제가 되는 상황은 부모의 교육 방식과 전문가들의 교육 방식이 일치하지 않을 경우이다.

아동 양육 관습을 통한 문화적 가치관의 전달

아동 양육 관습은 모든 문화에서 변함없이 문화적 가치관의 주요 전달 방법이 되어왔다. 그러나 현재 거의 모든 사회에서 부모의 역할에 더하여 학교 교육 제도와 종교적 가르침, 대중 매체의 영향이 강력하게 증가되었다. 경찰과 군대가 가치관에 영향을 주는 국가도 있고, 정치적 집단이 전통적 생활방식을 강요하는 국가도 있다. 문화적 가치관을 전달하는 또 하나의 방법은 부모보다 더 영향력 있는 부족의 연장자들에 의한 것이다. 따라서 보육 전문가들은 모든 아이가 부모만의 책임이 아니며, 문화적 전통에 따라 그 구성원이 지켜야 할 가치관을 강조함에서 조부모나 종교 및 사회 지도자, 부족의 연장자가 부모보다 훨씬 더 중요할 수 있다는 사실을 감안해야 한다.

가장 중요시되는 문화적 가치관이 항상 문서 형태로 전달되는 것은 아니라는 사실은, 문자 사용 이전 문화뿐 아니라 문자 사용 문화에서도 마찬가지이다. 많은 전통이 이야기 형태로 구전되거나 예술로 상징적으로 표현되어 전달된다. 예를 들어 선원 생활을 하는 사람에게 매우 중요한 항해에 관한 지식이 모두 지도나 해도에 기록되어 있는 것은 아니며, 해양기술뿐 아니라 바다와 거기에 서식하는 동물들에 대한 경외심의 가치관을 동시에 배우게 되는 실습생 경험과 구전을 통해서 한 세대에서 다음 세대로 전달된다. 이러한 이유로 태평양에 있는 섬의 주민들은 지도나 나침반 없이도 대양을 건너 수백 마일을 항해하여 정확하게 목적지에 도달할 수 있는 것이다.

어린아이들은 문화의 가치관에 대해서도 모르고 일련의 가치관에 따라 행동하지도 않는다. 점진적인 발달 과정을 거치면서 자신의 문화적 가치관을 배우고 수용하며 내면화하게 된다. 어린아이는 간단한 규범과 금지 사항에 반응하고, 그다음 다른 유사 상황으로 일반화하며, 마지막으로 이것들이 자신이 속한 문화의 구성원으로서 사고하고 느끼고 행동하는 영구적인 방식이라는 것을 인지하는 과정을 거친다. 유아기에는 다른 사람들의 가치관이 자신의 문화적 가치관과 다르다는 것을 알지 못한다. 그러한 가치관의 차이를 포용하는 능력은 더 나중에 발달하지만 모든 아이들이 자라면서 그러한 포용력을 갖추게 되는 것은 아니다.

그러나 어린아이는 자신과 다른 행동을 하는 아이들을 볼 때 그 행동이 잘못된 것이라는 말을 듣지 않는다면 충분히 수용할 수 있다. 다양한 문화적 배경의 아이들이 즐겁게 상호 작용하는 모습을 자주 발견할 수 있다. 그런데 이처럼 다른 문화의 가치관을 수용하도록 격려하는 환경에서 나타나는 문제가 몇 가지 있다.

어린아이들은 다른 아이의 문화적 가치관을 충분히 이해하기 때문에 포용하는 것이 아니다. 어린아이들은 항상 깨끗하고 잘 차려 입거나 인형을 함께 갖고 노는 것을 허용하는 다른 문화의 아이들에게 호의적으로 반응하며, 그 아이들이 같은 언어를 쓰는지 여부에 관계없이 그들과 어울려 놀지도 모른다. 그리고 남루한 옷차림을 하거나 콧물을 흘리고 자신들의 물건을 빼앗고 자신들에게 명령하는 아이에게는 비호의적인 반응을 보일 수 있다. 그러나 이러한 태도는 다른 아이들의 행동에 대한 반응이지 그 행동의 바탕이 되는 문화적 가치관에 대한 반응은 아니다. 따라서 부모나 다른 영향력 있는 사람이 특별하게 가르치지 않는다면, 아이들은 특정 아이에 대한 거부를 문화적 정체성의 탓으로 돌리면서 일반화하지 않는다. 따라서 전문가들이 보는 유아기 발달 단계는 다문화 사회를 살아갈 아이들이 편견적 가치관을 가지지 않도록 할 수 있는 중요한 시기이다.

이후의 발달 단계에서는 아동 양육 관습을 통한 문화적 가치관의 전달은 훨씬 더 분명해진다. 여러 계층에 속한 사람들에 대한 일반화가 압도적으로 표현되며 그 속에서 개인적인 차이는 그룹의 특성에 파묻혀 보이지 않게 된다. 부모, 교사 및 기타 아동 발달에 중요한 영향을 미치는 사람들이 이러한 태도를 보이는 경우, 아동 발달 초기에 이루어졌던 다른 아이들에 대한 거부는 결국 고정 관념으로 굳어져 특정 집단뿐 아니라 그 집단의 모든 구성원들도 배척하는 편견으로 이어진다. 그러나 이러한 태도와 신념은 학교 교육과 아이들 자신의 독서 및 사고뿐 아니라 또래집단과 TV, 팝문화와 같이 아이들에게 영향을 미치는 다른 집단의 영향력하에 있는 고유한 가치관과 상충될 수도 있다.

혼란스럽고 가치관이 분명하게 수립되지 않은 많은 청소년들이 반항하고 회피하며 불량 단체에 가입하거나 부모뿐 아니라 자신들의 욕구를 방해하는 것처럼 보이는 다른 모든 사람과 언쟁을 벌이는 때가 바로 이 시기이다. 혼란스러운 상황을 회피하기 위해 요란한 팝 음악을 듣고, 비디오 게임을 하고, 친구들과 거리를 배회하고 술을 마시며 일시적인 도피처를 찾는다. 이러한 청소년의 행위에 대한 허용 정도는 문화마다 다르고 동일 문화 내에서도 가정에 따라 매우 차이가 있다. 이들 행위가 지역 사회에서 허용하는 범위를 넘어서는 경우에는 주로 사회복지사, 지역 봉사 단체를 비롯한 다른 여러 전문 기관이 맡게 된다.

이 경우, 전문가가 아이들이 속한 사회의 문화적 가치관에 대해 얼마나 충분히 이해하는가에 따라 아이들에 대한 전문가의 태도와 이들 전문가의 선의에 대한 아이들의 신뢰 수준이 달라질 것이다. 상당수의 청소년들의 관점에서 전문가란 자신들을 감독하고, 자신들의 의사와 관계없이 그들의 가치관을 은밀히 주입하려는 또 다른 어른일 뿐이다. 이러한 관점의 차이는 전문가가 청소년의 욕구를 진심으로 이해하지 않은 상태에서 다만 청소년들의 최신 언어나 옷차림 등을 따라하려는 노력만으로는 전혀 좁혀지지 않을 것이다.

학교 교육, 대중 매체, 또래집단과 같은 외적 영향이 있더라도 가정은 여전히 가치관 전달의 일차적 원천이다. 가정의 가치관은 아동 발달 목표와 과정에 모두 영향을 준다. 가정의 가치관은 유아기부터 아이들에게 영향을 주며, 부모는 여러 방법으로 자신들의 가치관을 전달한다. 자녀는 부모의 기대를 습득하고 궁극적으로 자신의 가치관으로 일반화함으로써 자신의 행동 규범으로 삼게 되며, 이러한 순환은 다음 세대 자녀에게 다시 나타난다. 따라서 확대가족과 3대 가족은 문화적 가치관을 다음 세대로 전달하는 데 특히 잘 순응한다. 전통적으로 연장자가 공경을 받는 확대가족인 경우, 효도의 전통은 다음 세대로 이어질 가능성이 크다. 이처럼 확대가족은 2대 핵가족에 비해 기존 가치관이 붕괴될 가능성이 낮다. 그러나 붕괴될 경우에는 핵가족인 경우보다 훨씬 더 파괴적이다. 오늘날 대다수 국가의 가족구조는 근대화 과정에서 핵가족으로 바뀌고 있다.

다문화 사회의 아이들

이 책은 특히 다문화 사회에서 자라는 아이들에게 관심을 갖는다. 다문화라는 특수한 환경이 긍정적이고 유익하게 개발된다면 아이들은 더 행복하게 성장할 수 있을 것이다. 따라서 이 책에서 제공하는 지침들이 그러한 긍정적인 분위기를 형성하는 데 도움이 되기를 바란다.

아이들에게 다문화적 환경은 잠재적인 어려움으로 인식되는 경우가 매우 많을 것이며, 이는 전문가에게도 마찬가지이다. 다른 문화에 대한 경험이 적은 경우, 아이와 전문가의 상호 작용은 필연적으로 상대방에 대한 이해 부족과 원활하지 못한 의사소통 문제를 야기하고 특정 행동에 대한 적절성의 여부를 판단할 때 많은 시각 차이를 보이기도 한다.

대다수의 국가에서 다문화 환경은 도시와 시골 모두에서 발견할 수 있다. 런던과 시드니, 토론토와 같은 많은 대도시에서는 민족과 문화적 배경이 매우 다른 많은 사람들이 서로 가까운 곳에서 거주하며 일하고 있다. 또한 언어와 옷차림, 식습관의 형태와 그 질적 수준은 그야말로 천차만별이며, 상점과 대중교통 안에는 상당히 다양한 문화의 사람들이 서로 뒤섞여 있다.

이러한 환경에서 자라는 대다수의 아이들은 단순히 많은 사람들이 자신과 다르다는 사실을 인지하면서 이러한 차이를 자연스럽게 받아들이게 될 것이다. 하지만 경계심이 많은 부모에게서 낯선 사람들과 어울리거나 그들에게 말을 거는 것은 위험한 행동이라는 경고를 지속적으로 받는 경우도 있다. 특히 그 낯선 사람이 부모가 인정하지 않은 민족 집단의 구성원인 경우 더욱 그렇다.

그러나 이러한 경고의 효과는 아이들이 다른 문화적 배경의 아이들이나 그들을 보살피는 전문가와 관계를 맺는 과정에서 쉽게 사라질 수 있다. 또한 아이들은 자신이 다른 문화적 배경의 사람들에 대해 적개심을 갖게 된 근본 원인을 충분히 인식하지 못할 수도 있다.

다문화 사회에서 다른 문화를 용인하는 듯한 외적 태도는 종종 평화를 유지하기 위한 실용주의적 과정일 뿐인 경우가 많다. 대다수의 도심에서 함께 거주하는 다양한 민족들은 인구 밀집 지역이나 특정 민족의 집단 거주지에서도 별다른 상호 작용 없이 지낸다.

그러나 이러한 태도는 항상 다른 민족을 온전히 이해하거나 인정하기 때문이 아니라 단지 다른 집단의 존재를 무시하는 것이다. 따라서 이러한 공생 관계는 어느 한 집단이 위협을 느끼게 되면 하루아침에 무너져 내릴 수도 있다.

특히 어느 한 민족의 사회적 지위가 다른 민족보다 높고 그 원인이 민족적 차이 때문이라는 인식이 팽배할 경우 이러한 포용적 균형이 무너질 가능성은 매우 크다. 더 강력한 민족이 상대적으로 힘이 약한 민족을 멸시하고 각 집단의 아이들은 다른 집단의 아이들과 어울리는 것이 금지된다. 그 결과 다문화 간의 조화를 이루는 길은 막히고 그 장벽은 더욱 강화된다. 상류층 민족은 하류층 민족의 지위를 향상시키기 위한 국가적 시도에 대해 그것이 차별적 조치이며 공공 자금 등의 국가 자원을 낭비하는 것이라고 개탄한다. 또한 하류층 민족의 사회적 지위가 낮은 이유는 그 민족의 능력이 떨어지기 때문이라고 주장한다. 이러한 상황은 학교 교육, 취업 및 여가 활동의 기회가 제한적인 소도시에 거주하는 소수 민족 아이들에게 주로 발생한다. 호주의 오지마을에 사는 빈곤한 원주민 아이들의 경우가 그 대표적인 사례라 할 수 있다.

아이들에 대한 차별과 편견으로 발전할 가능성이 농후한 또 다른 상황은 다른 문화에서 빠르게 유입된 이주자들의 수가 현지 주민의 수를 압도하는 경우이다. 아마 가장 잘 알려진 예는 몇몇 영국 중부 도시에서 발생한 인구 통계학적인 변화일 것이다. 이들 도시의 경우, 파키스탄 이주민들이 정착하면서 기존 문화와 상당히 다른 생활방식과 종교가 보급되었고 그로 인해 파키스탄 이주민의 비율이 실제보다 훨씬 더 많아 보이게 되었다.

다문화적 환경과 관련된 또 하나의 문제는 공공장소, 학교, 상점, 식당, 병원 등에서 사용하는 언어가 서로 다르다는 것이다. 언어가 다양할 경우, 통역사의 도움을 받는 데에는 한계가 있기 때문에 공공 서비스를 제공하는 전문가들은 많은 문제에 직면하게 된다. 특히 특정 언어나 방언을 쓰는 사람들이 그 사회 내에 매우 소수일 경우 더욱 그렇다.

다문화 환경에 있는 아이들에게 어느 정도까지 다수 민족의 언어를 사용하거나 자민족 언어를 사용하도록 권장해야 하는지는 많은 논쟁의 대상이 되어왔다. 대다수의 소수 민족은 언어가 자신들의 문화적 정체성을 증명하는 가장 중요한 요소라고 여기며, 다수 민족 문화에 동화시키려는 외부 압력으로부터 자민족 문화를 보존하는 수단으로 이용한다.

또한 언어는 종종 정치적 문제를 야기한다. 세르비아인과 크로아티아인의 경우처럼, 한 언어 집단이 정치에 개입하면 다른 민족이 이를 불쾌하게 여기며 이러한 상황은 통역자, 부모, 전문가와 아이들 간의 관계에 영향을 미칠 수 있다.

다양한 언어적 배경의 아이들이 다니는 보육 기관과 유치원에는 여러 언어에 능통한 보조 교사가 항상 있는 것이 아니다. 따라서 만약 영어가 공식 언어라면, 영어 외에 다른 언어를 모르는 유치원 교사는 다양한 언어를 사용하는 아이들의 욕구를 충분히 이해하는 데 어려움을 겪을 것이다.

이 시기의 아이들은 공식어인 영어뿐 아니라 자신의 원래 모국어도 아직 배우고 있는 중일 것이며, 모국어를 충분히 익히지 못한 상태라면 새로운 언어 또한 능숙하게 말하지 못할 수도 있다. 만약 교사가 다양한 언어를 구사할 수 있어서 이러한 아이들의 욕구를 적절하게 이해할 수 있다면 운이 좋은 경우이다.

민족 또는 언어에 토대를 둔 학교는 아이들을 지역 사회로부터 분리시킴으로써 아이들이 다른 문화적 배경의 사람들을 수용하고 다른 문화적 배경의 사람들에 의해 수용되는 것을 막는다는 비난을 받고 있다.

보육 전문가는 또한 부모를 상대해야 하는데, 많은 보고서가 이들 전문가가 아이들보다 부모와의 관계에서 어려움을 더 많이 겪고 있음을 보여준다. 유치원 시기에는 부모의 참여가 매우 가치 있는 것으로 장려되지만 일을 해야 하는 어머니는 유치원 활동에 참여할 수 없는 경우가 많다. 자녀를 하루 종일 유치원에 맡겨야 하는 부모는 단지 아침에 자녀들을 데려다 주고 일이 끝나면 데려가기 위해서만 유치원을 방문할 수도 있다.

또 다른 문제는 보육 전문가와 반대 성(性)의 부모와의 관계이다. 여성 전문가들은 일부 문화의 아버지를 상대하는 데 어려움을 겪을지도 모른다. 그 문화에서는 전문가가 아버지의 참석 없이 어머니를 면담하는 것이 어려울 수 있다.

반면 어머니가 자신의 의지대로 전문가에게 다가가는 것이 어려운 경우도 있는데, 전문가가 남성인 경우 훨씬 더 그렇다. 남녀가 섞인 모임에서는 금해야 하는 주제가 있을 수 있으며 종교적 전통과 문화적 전통에 따라 금기사항이 달라질 수 있다.

오늘날 아이들이 다문화적 환경에서 자라는 것은 새로운 현상은 아니지만, 많은 사람들의 국제적 이동이 계속 증가하는 세계적 추세에 따라 다문화적 환경은 하나의 특성으로 자리 잡고 있다.

이러한 국제적 이동은 자신의 선택에 의한 것일 수도 있고 불가피한 상황 때문일 수도 있으며, 단기간 이동에 그칠 수도 있고 장기간 체류할 수도 있다. 오늘날 많은 국가에서는 이주자 집단과 소수 토착민의 동화 정책은 점점 사라지고 본래의 문화적 전통에 대한 자부심을 적극 독려하는 통합주의 정책을 채택하고 있다. 이 정책을 실제 현장에서 성공적으로 수행하는 것은 전문가들에게 결코 쉬운 도전이 아닐 것이다.

비교문화적 연구를 통한 통찰

이 서장에서는 지금까지 많은 문제를 제기했지만 충분히 많은 해답을 제공하지는 않았다. 이후의 여러 장에서 이들 문제에 대해 더 상세히 논의하게 될 것이다. 앞부분에서는 여러 연구를 통해 얻은 증거를 제시하고 뒷부분에서는 전문가들이 그러한 문제를 다룰 때 도움이 되는 지침을 제공한다.

이 책에서는 비교문화적 연구를 통해 많은 증거를 도출할 것이다. 비교문화적 연구는 두 개 이상의 문화집단을 서로 비교함으로써 문화에 기반을 둔 가치관이나 태도, 신념이 그 구성원들의 행동 방식에 미치는 영향을 조사한다. 이러한 연구에서는 대부분 비교문화집단 간의 차이점들이 발견되지만 많은 사례를 통해 잠재적인 심리적 과정의 유사성 또한 발견할 수 있다.

비교문화적 연구는 또한 다양한 문화집단 내 구성원들 간의 상호 작용과 관련된 문제를 다룬다. 이러한 연구는 새로운 이주민과 토착 소수민족의 문제를 포함하며 이 중 다수가 이주민 아이들과 2세대 이상에 걸쳐 이루어진 적응과 관련된 문제이다.

이러한 연구를 통해 급속한 사회적 변화를 겪고 있는 개발도상국의 아동 양육 문제를 개선하는 데 기여할 수 있을 것이다(Suvannathat et al., 1985 참조).

아동 발달에 대한 비교문화적 연구의 경우, 목표와 목표 달성 과정 모두에서 문화에 따라 차이를 보인다. 그러나 발생 시기와 사회적 환경의 맥락에 생물학적 요소와 심리학적 요소를 함께 고려한다면, 아이들에게서 그다지 많은 차이점이 나타나지 않을 수도 있다.

전문가들이 매우 성공적으로 보람 있게 다양한 문화적 배경의 아이들을 돌보고, 아이들이 자신이나 부모와 다른 사람들을 받아들일 수 있었던 것은 아마 이러한 이유 때문일 것이다. 다문화 사회에서의 아동 양육은 결코 쉬운 일이 아니며 이 책이 최소한 그 어려움을 줄이는 데 도움이 되기를 바란다.

추천 참고도서

Berry, J. W., Poortinga, Y. H., Segall, M. H. & Dasen, P. R. 1992. "Cross-cultural Psychology: Research and Applications." *Cultural transmission and development*, See particularly Chapter 2. Cambridge: Cambridge University Press.

Bornstein, M. H. 1995. "Form and function: implications for studies of culture and child development." *Culture and Psychology*, 1, pp.123~137.

Ekstrand, L. H.(Ed.). 1986. *Ethnic Minorities and Immigrants in a Cross-Cultural Perspective*. Lisse: Swets & Zeitlinger.

Segall, M. H., Dasen, P. R., Berry, J. W. & Poortinga, Y. H. 1990. "Human Behavior in Global Perspective: An Introduction to Cross-Cultural Psychology." *Theories of human development*, See particularly Chapter 6, *The developmental niche*, and Chapter 7. New York: Pergamon.

Valsiner, J.(Ed.). 1995. "Child Development within Culturally Structured Environments." *Comparative-Cultural and Constructivist Perspectives*, Vol. 3. New Jersey: Ablex.

2장
기질적 차이와 행동적 차이

　모든 문화에서 유아들은 생후 몇 주가 지나면 기질과 행동에서 차이를 보이기 시작한다. 어머니가 둘째 아이는 첫 아이보다 순하다거나 잠을 오래 자지 않는다고 할 때, 이는 두 아이 간의 기질적 차이를 말하는 것이다.

　이 장에서는 다음 두 가지 사안에 관해 살펴볼 것이다. 첫 번째는 문화적 배경에 따라 이러한 기질적 차이가 아이들의 행동에서 어떻게 다르게 나타나는지 하는 것과, 두 번째는 만약 그렇다면 아이들의 이러한 행동적 차이를 '바람직한' 행동인지 또는 '바람직하지 못한' 행동인지 어떻게 판단하는가 하는 것이다.

　그리고 보육 전문가가 이러한 행동 차이를 가장 효과적으로 다루기 위해 알아야 할 사항에 대해 살펴보고, 이에 대한 다양한 문화적 배경에서 나타난 몇 가지 사례를 보여줄 것이다.

기질적 차이

많은 국가에서 실시한 연구결과를 볼 때 기질적 측면에서 문화와 관련된 차이가 발생한다는 사실은 분명하다. 그런데 이러한 기질적 차이가 행동으로 표현될 때에는 수많은 요인으로 인해 복잡하게 나타난다. 특정 문화에서 아이들의 개별적 차이가 다양하게 나타난다면, 이는 기질적 측면에서 개인적 차이가 크다는 것을 의미한다. 그러나 각각의 문화는 그 범위에서 매우 다양한 양상을 보이며, 어떤 문화의 범위는 다른 문화보다 더 제한적일 수 있다. 또한 기질적 차이가 행동으로 나타나는 방식도 많은 문화적 요소에 따라 달라질 것이다.

기질적 다양성의 원인은 유전적, 신체적, 환경적 요인 때문일 수도 있고 보육의 영향으로 인한 것일 수도 있다. 이러한 요인은 독립적으로 존재하는 것이 아니라 활발하게 상호 작용한다. 따라서 개인적 차이와 문화적 차이는 모두 이러한 요인이 결합되는 특유의 방식, 즉 정적인 관계가 아니라 아동과 보육사의 상호 작용 과정에서 형성된다.

유전적 요인이 가장 뚜렷하게 나타나는 경우로는 대표적으로 특수한 기질적 행동을 보이는 유전성 장애와 질병을 들 수 있을 것이다. 틱 장애가 있는 환자들이 보이는 감정 기복과 종잡을 수 없는 주의력 결핍이 그 예이다(이 주제는 이 책의 범위를 넘어서는 것이다. 이러한 틱 장애를 비롯한 다른 질환들의 유전적 연관성에 대한 더 자세한 사항은 Lois Wingerson, 1990 참조 바람).

신체적 요인은 건강, 음식, 풍토병과 전염병에 대한 취약성, 질병과 사고로 인한 신체적 장애 또는 선천성 신경장애를 포함한다. 운동 협응 능력과 전반적인 신체적 긴장도에서의 차이 또한 기질적 차이의 원인이 된다. 급격한 성장이 일어나는 사춘기에서처럼, 연령별로 나타나는 키와 몸무게의 차이도 기질적 차이의 또 다른 원인이 된다. 이러한 기질적 차이는 외형상 신체적 차이에 의한 것처럼 보이지만 유전적인 요인 때문일 수도 있다.

환경적 요인에는 가정과 문화적 환경, 사회·경제적 상황, 열대·온대 또는 냉대 지역과 같은 지리적 환경, 물 공급이나 학교와 같은 공공 서비스의 보급 수준, 도시에 거주하는지 또는 시골에 거주하는지 등이 포함된다.

보육의 영향은 아이들에 대한 부모의 양육 태도와 기대의 차이, 그리고 보육사를 비롯한 다른 사람들의 보육에 따른 영향을 포함한다.

많은 국가에서의 광범위하게 이루어진 연구와 그 이후 수년에 걸친 여러 연구를 토대로, 토머스, 체스, 버치(Thomas, Chess & Birch, 1970; Skolnick, 1986에서 인용)는 기질적 차이를 9개 범주로 분류했다. 이 분류는 현재 학계에서 충분히 인정받고 후발 연구에서 많이 인용된다.

1. 활동수준: 높음 대 낮음

2. 규칙성: 규칙적 대 불규칙적

3. 주의 산만도: 산만 대 산만하지 않음

4. 접근하는가 회피하는가 여부: 적극적 대 소극적

5. 적응성: 적응적 대 비적응적

6. 주의집중 기간 및 지속성: 길다 대 짧다

7. 반응의 강도: 격렬함 대 순함

8. 반응민감도: 낮음 대 높음

9. 기분의 질: 긍정적 대 부정적

또한 이들 9개 범주를 기반으로 기질을 쉬운 아이(Easy), 중하형 (Intermediate-Low), 중상형(Intermediate-High), 천천히 발동이 걸리는 아이(Slow to Warm UP), 까다로운 아이(Difficult) 등의 5개 유형으로 구분했다. 위 9개 범주에 토대를 두면서 후발 연구에서 가장 많이 이용된 도구는 캐리와 맥데빗(Carey and McDevitt, 1978)이 개발한 영유아기 기질 평가척도 개정판(Revised Infant Temperament Scale)이다. 이 척도는 어머니와 보육 전문가들이 작성하는 95개 항의 질문지이며, 많은 문화적 배경의 영유아 기질을 평가하는 데 사용되었다.

프라이어와 그 동료들(Prior, Kyrios, Oberklaid, 1986; Prior et al., 1987a, 1987b; Prior, Sanson, Oberklaid, 1989; Axia, Prior & Carelli, 1992)은 다문화 환경에 있는 유아에 대한 연구를 포함하여 호주 빅토리아 지역에서 대대적인 연구 프로그램을 수행했다. 이들 연구는 부모가 모두 호주 출신인 유아뿐 아니라 영국, 서유럽, 그리스, 레바논, 북미, 아시아, 인도 아대륙 (亞大陸: Subcontinent) 출신의 유아를 포함한다. 문화적 차이에 따른 기질적 특성은 그리스인, 레바논인, 북미인 유아들에게서 까다로운 (difficult) 기질이 훨씬 더 흔한 반면 영국인, 유럽인, 인도 아대륙인 유아들은 호주인 유아들과 유사하거나 그보다 덜 까다로운 것으로 나타났다.

이 연구 프로그램의 일환으로서, 그리스와 호주 배경의 유아들을 대상으로 대규모로 이루어진 연구결과를 9개 범주의 평가척도를 이용하여 미국과 중국의 유아들을 대상으로 시행되었던 이전의 연구결과와 비교했다. 미국인 유아는 활동수준, 적응성, 주의산만도 및 규칙성 수준이 가장 높았고, 회피성 수준이 가장 낮았다. 그리스인 유아들은 규칙성과 적응성이 낮았고 회피성이 높았다. 호주인 유아들은 미국인 유아들과 유사하게 접근성, 적응성 및 활동수준이 비교적 높았다. 또한 본스타인과 그 동료들(Bornstein et al., 1990a, 1990b)이 다른 방식으로 일본에서 수행한 연구에서는 일본인 유아들과 중국인 유아들의 기질이 유사한 것으로 나타났다.

답변 방식에서 발생할 수 있는 차이와 다른 비교상의 문제를 감안할 경우에도, 영유아들의 기질에서 문화와 관련된 많은 차이가 있는 것으로 보인다. 이러한 기질적 차이가 어느 정도까지 생물학적인 측면에 기반하는지는 명확하지 않다. 그러나 유아의 기질에 어머니의 기질이 반영될 수 있다는 것은 분명하다. 일본의 '아마에(amae)' 관계가 그 좋은 예이다. 또한 문화에 따라서 여러 기질적 성향이 다양하게 혼합되어 나타날 수도 있다. 그러나 분명한 것은 전문가가 직면할 수 있는 모든 변수를 여기서 나열하는 것은 불가능하다는 점이다. 앞에서 언급한 여러 사례를 통해 문화적 차이의 범위와 복잡성을 다소 이해할 수 있을 것이다.

행동적 차이

유아기의 기질적 성향이 아동기와 청소년기의 행동에서 그대로 나타나는 것은 아니다. 유아기의 기질적 성향이 자라면서 더욱 뚜렷해지는 경우가 있는 반면, 전혀 다르게 변하는 경우도 있다. 아이들은 성장하면서 자신이 속한 문화적 환경에 동화되기 마련인데, 문화에 따라 용납되거나 금지되는 반응 형태가 다르기 때문이다. 즉, 자기주장을 표현하는 것을 장려하고 공격적인 행동을 용인하는 문화에서는 격렬한 반응 성향을 지닌 적극적이고 활동적인 아이는 자기주장에 따라 행동하도록 독려받을 것이다. 이 경우 공격적인 행동은 그다지 엄격한 처벌을 받지 않을 것이며 종종 진취적인 행동으로 간주될 수도 있다. 반면, 집단 간의 조화를 중시하는 사회에서는 아이들에게 자기주장적 행동을 금지함으로써 공격성을 드러내지 못하게 할 것이다.

성별에 따른 행동의 차이는 많은 나라에서 당연하게 받아들여진다. 여자아이보다 남자아이가 더 활동적이고 자기주장이 강하며 공격적이라는 인식은 널리 퍼져 있으며, 이는 많은 나라에서 실시된 연구에서도 확인되었다. 문화는 성인식, 통과의례, 옷차림, 장난감, 게임, 가정 내 임무, 역할 준비 등을 통해 성별에 따라 바람직한 행동을 하도록 강조하는 메시지를 직·간접적으로 전달한다. 아이들의 타고난 기질적 차이는 성장 과정에서 자신이 속한 문화에서 기대하는 성 역할을 수용, 흡수하고 최종적으로 내면화하는 수준에 영향을 미친다.

바람직한 행동과 바람직하지 못한 행동에 대한 판단 기준의 차이

아동의 행동이 바람직한지 또는 바람직하지 못한지를 판단하는 데서도 문화적 차이로 인해 보육사는 아이들의 관점보다는 자신의 문화적 규범에 근거하여 아이들을 평가하게 된다. 예를 들어 보육사를 정면으로 쳐다보지 않는 아이는 매우 공손한 아이가 되기 위해 노력하고 있을지도 모른다. 그러나 보육사의 관점에서는 그 아이가 자신과 눈을 마주치는 것을 피하는 것처럼 보이기 때문에 그 아이의 행동을 비협조적이거나 잘못된 행동으로 해석할 수도 있다.

위의 사례와 같은 경우에는 기질적 또는 행동적 차이가 개인적인 요소보다 문화적인 요소에 근거한 것이다. 한편 다문화 환경에서는 아이들의 행동적 차이를 문화적 근거에 따라 구분함으로써 아이들을 서로 다른 기질을 가진 개인으로 대하지 않고 일괄적으로 정형화할지도 모른다. 예를 들어 원주민 소년은 모두 스포츠에 능하지만, 암암리에 학업 능력은 떨어지는 것으로 간주될 수 있다. 또한 대부분의 아시아 소녀는 온순하고 공손하며 학업 능력이 뛰어날 것으로 여겨진다. 그러나 원주민 소년이 스포츠 실력은 떨어지지만 학업 성적이 좋은 경우도 있고, 아시아 소녀가 자신의 의견을 거리낌 없이 표현하면서 학업 성적은 그다지 좋지 않은 경우도 있다. 이처럼 아이들을 정형화할 경우 개인적 차이를 인지하는 것은 더욱 어려워진다.

그렇다면 우리와 다른 문화의 아이들에게 바람직한 행동과 바람직하지 못한 행동을 구분할 수 있는 방법은 무엇인가? 모든 문화에서 동일하게 부모가 자녀에 대해 가지고 있는 일반적인 기준이 있는가, 아니면 문화적 기대가 모두 다르기 때문에 각각의 아이들을 모두 하나의 문화적 산물로 여겨야 하는가? 그리고 이러한 기대는 성별에 따라 얼마나 다른가?

이러한 질문에 답하기 위해, 20~30명의 남자아이와 여자아이가 함께 지내는 유치원 또는 탁아소가 있다고 가정해보자. 여기에는 힌두교도인 인도 아이들과 이슬람교도인 파키스탄 아이들, 중국, 일본, 터키, 인도네시아 출신의 아이 각 한 명, 아프리카 지역 국가 출신의 아이 한 명, 네덜란드와 독일, 이탈리아 출신의 유럽 아이들, 몇 명의 멕시코계 미국인과 아프리카계 미국인을 포함한 미국 출신의 아이들 몇 명, 영국 배경의 호주 아이들이 있다. 이 집단이 다소 과장된 것으로 보일 수도 있을지 모르지만, 국제 학교 또는 시드니와 같은 거대 다문화 도심 지역에서는 전혀 불가능한 것이 아니다.

이렇게 다양한 문화적 배경의 아이들이 모여 있는 곳에서는 여러 형태의 기질적 차이가 나타난다. 대부분의 시간을 조용하게 있는 아이가 있는가 하면 수다스러운 아이도 있고, 게임이나 한 가지 일에 지속적으로 집중하는 아이가 있는가 하면, 5분을 가만히 있지 못하고 실내외를 뛰어 돌아다니는 아이도 있다. 어떤 아이는 보육사와 가까워지고 싶어 하는 것처럼 보이는 반면, 어떤 아이는 자신의 작은 세계에서 혼자 있기를 원한다. 또한 자주 우는 아이가 있고, 거의 울지 않는 아이도 있다.

이들 가운데서 '바람직한' 아이는 누구인가? 대개 전문 보육사는 자신이 선호하는 한 가지 형태의 행동으로 아이들을 이끌 것이다. 그러나 과연 그 아이들의 부모가 그 행동에 동의할 것인가? 또한 아이들은 자신이 속한 문화에서는 용납하지 않는 행동을 하도록 독려받아야 하는가? 보육사와 전문가에게 한 가지 질문을 더 한다면, 어느 정도까지 일련의 정해진 규칙에 따르는 것이 바람직한가 하는 것이다.

이러한 의문점을 처리하기 위해 위에서 언급한 가설적 사례에 포함되어 있는 문화집단들의 가장 두드러진 아동 양육 관습 및 전통에 대해 알아보고, 이러한 양육 관습과 전통이 위에서 가정한 다문화적 집단에서 '바람직한' 또는 '바람직하지 못한' 것으로 보일 수 있는 행동에 미칠 수 있는 영향을 고려해보자. 이들 내용은 모두 간략하게 언급되기 때문에 더 상세한 내용을 알려 하는 독자를 위해 개요마다 출처를 명시해둔다.

인도 아대륙 출신의 아동

인도 아대륙에 대해 잘 모르는 서양인들이 인도인, 파키스탄인, 스리랑카인 간의 차이를 구별하지 못하는 것은 매우 흔한 일이다. 그러나 이들 세 개 집단 간에는 많은 차이가 있을 뿐 아니라 각 집단 내에도 문화적 다양성이 상당히 존재한다. 힌두교도, 이슬람교도, 타밀인, 불교도, 자이나교도, 시크교도, 파르시, 기독교도 등의 종교적 차이를 비롯하여 우르두어, 아프카니스탄어, 힌디어, 벵골어, 구자라티어, 타밀어, 신할라어, 푼자비어, 영어 등의 언어적 차이가 있다. 또한 힌두인들 내에서는 신분의 차이에 따라 전통 의상이 매우 다양하다.

서양의 아동 발달 전문가들은 동일한 방식, 즉 보다 공정한 것으로 여겨지는 '평등한' 방식으로 모든 아이를 다루려는 성향이 매우 강하다. 그러나 어린아이들이 아직 민족과 문화적 차이를 구분하지 못하는 것이 사실이라고 하더라도 부모가 전문가에게 고려해주기를 바라는 관습이 있을 것이다. 경우에 따라 옷차림이 아동을 식별하는 유용한 지표가 될 수도 있고 이름이 신체적 외양보다 더 나은 식별의 토대가 되기도 한다. 또한 이슬람교도 아이에게 식사할 때 왼손을 사용하도록 강요하는 것과 같이 종교적 금기를 조롱해서는 안 된다. 그러나 시간이 지남에 따라 이러한 사항에 대해 무감각해질 수도 있다. 따라서 이들 문화 출신의 부모가 자녀에게 기대하는 바람직한 행동에 대해 이해할 수 있는 몇 가지 방법을 아는 것과 그 부모의 생각이 서양의 일반 규범과는 다를 수도 있다는 것을 인지하는 것은 매우 중요한 일이다.

인도 아대륙의 많은 문화 중 가장 규모가 큰 문화 둘은 인도의 힌두 문화와 파키스탄의 이슬람교 문화이다. 이들 문화를 대표하는 아이들의 집단을 가정하고 이들 문화의 아이들에 대해 더 자세히 알아볼 것이다. 또한 이들 문화 출신의 사람들이 다른 많은 나라에서도 오랫동안 견고하게 소수 민족을 형성해왔음을 명심하는 것이 좋다. 끊임없이 영국으로 이주가 있었던 것 외에 초기 식민지 시대에 이들 문화에서 많은 사람들이 피지 제도, 남아프리카, 서인도 제도, 케냐, 짐바브웨, 말레이시아, 홍콩 등으로 건너갔으며 그곳에서 그들은 자신의 민족적 정체성과 문화적 정체성을 꾸준히 지켜왔다.

힌두교도 아동

가장 쉽게 떠올릴 수 있는 전통적인 인도 가족의 모습은 가장인 할아버지를 중심으로 여러 명의 아들과 그 아내, 그리고 아이들이 한 가정에서 같이 거주하는 확대가족이다. 아내는 남편의 가족과 살기 위해 자신의 부모 집을 떠나 왔다. 대부분의 아내들은 베일로 몸을 휘감지 않으면 외출을 하지 못했으며, 자신의 남편과 특히 시어머니의 요구에 순종하도록 기대되었다. 또한 어느 곳이건 적당한 장소에서는 힌두교 예배가 이루어졌다.

그러나 최근에는 이러한 상황이 다소 달라졌다. 많은 인도 가족이 여러 나라로 이주하고 몇 세대를 거치면서 과거 인도인들의 아동 양육 방식이 상당히 변화되었다. 또한 모든 가족 구성원이 새로운 국가로 이주할 수 없는 상황이 발생하고, 이로 인해 이민 2세대와 3세대들에게는 중매결혼과 같은 전통적 관습을 지키는 경우가 줄어들면서 핵가족화하는 경향이 점점 더 증가하고 있다. 심지어 신분 구분조차 없어질 가능성이 커지고 있다.

힌두교 전통에서는 아이들을 신이 준 매우 귀한 선물로 여긴다. 따라서 가장 두드러진 아동 양육 형태는 자녀에게 상당한 관심을 기울이는 매우 자상한 어머니의 양육 태도이다. 또한 이러한 성향은 결혼할 때까지만 부모 집에서 거주하며 부모에게 경제적으로 기여할 것으로 기대되지 않는 딸보다는 아들에게 훨씬 더 심하게 나타난다.

힌두교 문화에서는 사회적 신분의 차이가 광범위하게 존재한다. 하류 계층의 어머니는 상류 계층의 어머니보다 자녀에게 자유를 더 많이 허용한다. 그러나 이는 어머니 자신의 버거운 일 때문에 아이들을 감독할 시간이 없기 때문인 경우가 많다. 특히 빈곤한 시골 지역에서는 더욱 그렇다. 상류층 가정의 아이들은 상당한 애정과 과잉보호를 받는데, 아들의 경우는 특히 더 심하다. 그러나 현대의 상류층 가정에서는 전통적인 역할보다는 성취 지향적인 지위를 중요시하여 자녀의 경쟁심을 부추기기도 한다.

어른과의 관계에서 아동에게 가장 중요한 것은 충분한 애정을 받는 것이지만 이것은 특히 과잉보호를 받고 전혀 부족함이 없는 응석받이로 자란 자기중심적인 아들에게는 해당되지 않을 수도 있다. 어머니의 지나친 애정 속에서 자란 아동은 다른 문화 출신의 전문가가 줄 수 있는 것보다 더 많은 관심을 기대할 수도 있기 때문이다.

'바람직한' 힌두교도 아이는 보육사의 권위를 인정하고 깊은 애정을 표하며, 연장자를 공경하고 예의 바르며 순종적인 아이일 것이다. '바람직한' 여자아이는 순종적이고 매우 공손하며 신앙심이 깊을 것이다. 이 여자아이는 좋은 어머니가 되기를 바라며 놀이를 통해서나 어린 시절부터 동생들에 대한 책임을 떠맡음으로써 이러한 역할을 연습할지도 모른다. 또한 자신이 중매결혼을 하게 된다면, 자신의 부모가 자신을 위해 옳은 결정을 할 것이라고 믿고 그에 따를 것이다. 이 여자아이는 사랑이 결혼에 선행하는 것으로 생각하지 않고 결혼을 하면 사랑하는 감정이 생길 것으로 기대할 것이다.

많은 인도 여자아이들에게 교육은 기회와 딜레마를 모두 제공한다. 교육을 받은 유능한 여성의 사례는 많이 있지만, 바람직하게 성장한 여자아이는 결혼하여 자녀를 낳을 계획을 세워야 하며 전통적인 가정에서는 일찍 결혼하기를 기대한다. 가난한 가정이나 시골 출신의 소녀에게 결혼은 유일한 현실이다. 그러나 이민 가정 2세인 여자아이들은 이러한 전통 관습에 수동적으로 무조건 따르지는 않을지도 모른다. 또한 남자아이와 여자아이 간에 데이트를 하거나 관계를 가지는 것은 인도 청소년과 그 부모 사이에서 상당한 갈등의 원인이 되고 있다.

자료: Kakar(1979), Sinha(1995), Naidoo(1985, 1986), Verma(1995).

파키스탄 아동

인도와 파키스탄의 아동 양육 관습에는 많은 공통점이 있지만, 이슬람교와 힌두교 간의 종교적 차이처럼 이들 두 집단의 아이들을 혼돈해서는 안 된다. 파키스탄인은 인도 아대륙의 많은 문화적 하위집단들처럼 중동의 아랍 국가들과 공통점이 많다.

이슬람교는 종교적 신념뿐 아니라 전반적인 생활방식에 대한 지침을 제공하면서 일상의 모든 면에 강력한 영향을 미친다. 아이들의 발달 과정은 의례와 축제를 통한 일련의 중요시점을 거친다. 보다 전통적이고 근본주의적인 가정에서는 나이에 관계없이 모든 여성에게 베일을 쓰게 하고 집과 안마당에서만 활동할 수 있게 제한함으로써 여성과 남성을 엄격하게 분리시킨다. 보다 덜 전통적인 가정에서는 여성의 활동이 훨씬 자유로운데, 이러한 가정에서는 부르카(눈 부분도 망 형태로 된 전신을 가리는 이슬람 여성의 의복)를 집 밖에서만 입는다. 그러나 이러한 활동의 제한을 지키지 않거나 부르카를 전혀 입지 않는 가정도 있다. 이러한 가정은 부유한 도시 전문가 계층일 가능성이 높다. 인도의 경우처럼 파키스탄 또한 부유한 가정의 아이와 빈곤한 가정의 아이, 도시 아이와 시골 아이 간에 상당한 차이가 있다.

남자아이는 이슬람교 관습에 따라 활동이 자유롭고 공공 종교 의식에 적극적인 역할을 담당한다. 그리고 장남은 동생들에 대한 책임을 받아들여야 한다.

그렇다면, 파키스탄 아이들에게 '바람직한' 행동이란 어떤 것일까? 이런 판단기준은 그들이 본국에 있든 이주 가족이든 또는 이민 2세인지 3세인지에 관계없이 부모와 전문가 모두의 인식에 영향을 줄 것이다. 또한 부모와 교사를 비롯한 다른 전문가들 사이에 '바람직한' 또는 '바람직하지 못한' 행동에 대한 판단에서 많은 갈등이 발생할 것이다.

전통적으로 '바람직한' 아이는 부모에게 순종하는 아이이다. '바람직한' 딸은 부모에게 순종적이고 자신의 의지로 결혼 상대나 또래를 선택하는 것을 기대하지 않을 것이다. 이러한 전통적인 인식과 관련하여 이민 가정의 파키스탄 소녀는 부모와 마찰을 일으키고 더 독립성을 보이기 위해 노력할지도 모른다. 정숙한 옷차림은 또한 논쟁의 잦은 원인이 될 것이다. 격리된 사립학교로 보내지는 소녀도 있을 것이며 남녀공학 공립학교에서 소년과 소녀 간의 상호 작용은 외면당할 것이다. 많은 이슬람교 국가에서 얼굴을 가리는 히잡을 쓰거나 몸 전체를 완전히 가리는 행동은 소녀들을 다른 사람들로부터 격리시키기 때문에 '바람직한' 소녀, 정숙한 처녀, 신앙심 깊고 부모의 바람에 순종적인 여성의 표시가 될 것이다. 이러한 제약 속에서도 여자아이가 학업을 열심히 할지도 모르지만 남자아이보다 격려를 많이 받지는 못할 것이다.

자료: Naidoo(1985, 1986), Naidoo & Davis(1988).

중국 아동

중국 아동에게 '바람직한' 행동에 대한 판단은 상당 부분 아동이 얼마나 중국에서 살았는지 그리고 가족이 중국에서 몇 세대째 거주하고 있는지에 달려 있다. 홍콩과 싱가포르에서는 국제적인 접촉이 빈번하고 고층 아파트 생활을 하는 도시 생활이 일반적이며, 타이완은 도시 생활과 시골 생활이 혼재한다. 베이징, 상하이, 광저우와 같은 대도시에서도 고밀도 고층 생활을 하는 경우가 많지만 환경은 홍콩이나 싱가포르와 매우 다르며, 시골 지역과 더 외딴 지역에서는 다양한 전통적인 생활 방식과 아동 양육 관습을 발견할 수 있다. 그리고 또 다른 중국 아동 집단은 세계 거의 모든 나라로 이주한 중국인 2세와 3세들이다. 말레이시아 인구의 3분의 1 이상이 중국인이며 과거 식민 정책 때문에 이 중국인들은 대부분 도시 거주자이다.

이러한 다양성 때문에 처음에는 이 아이들을 다루는 전문가에게 도움이 될 수 있는 중국 아이의 특성을 지적하기가 어려운 것처럼 보일 수 있다. 여기서 우선 고려해야 할 사항은 그 가족이 새로운 국가의 문화에 동화되었는지 여부이며, 만약 그렇다면 얼마나 동화되었는지를 파악해야 한다. 즉, 그 가족이 민족성은 달라도 문화적으로 얼마나 유사해졌는지를 파악해야 한다. 또한 처해진 환경이 도시인지 시골인지와 서구인지 아시아인지에 따라 고려 사항과 해결책이 달라진다. 그러나 어떤 환경에서도 중국인임을 인지할 수 있는 핵심적인 가치관과 행동은 여전히 유지되고 있다.

전통적으로 중국인 가족은 지위에 따른 상호 간의 책임 의식이 강하며, 명예와 공경의 유교 원리를 토대로 계층적이며 가족주의적이었다. 현대 중국 가정에서 '바람직한' 아이는 부모와 영향력 있는 어른들에 대한 공경심을 유지하고 있다. 전통적으로 아버지는 냉담하고 어머니는 친밀하며 포근하다. 오늘날 중국에서는 아버지들이 자녀 양육에 더 많이 참여하는 경향이 있지만 해외에 거주하는 일부 전통적인 가정에서는 아버지들이 비즈니스로 인해 직장에서 보내는 시간이 길기 때문에 여전히 양육에 참여하지 않는 경우가 많다.

관리를 선발하기 위해 처음 과거 제도가 도입된 이후로 중국에서는 사회적 신분 상승을 위해서는 학식이 중요한 수단이 되었다. 오늘날 중국 아이들은 자신만큼이나 가족을 위해 학업에 열중한다. 또한 모든 아이들이 열심히 노력하면 성공할 수 있다는 확고한 신념을 가지고 있다. 따라서 '바람직한' 아이는 열심히 공부하고 맡은 일을 끝까지 해낸다.

중국인들은 물질적인 부유함을 진정한 지위를 보여주는 것으로 여기기 때문에 가족이나 집단을 위해 물질적 부를 과시하고 이용하는 것은 바람직한 행동이다. 따라서 물질적인 부유함은 중국 아이들이 간절히 바라는 바람직한 목표이며, 많은 나라에서 중국인들은 이 목표를 달성하고 있다. 그러나 중국 본토에서는 혁명 이후 최근까지 개인적인 물질적 부의 추구보다 중국 전체의 안녕이 우선시되었으며, 많은 가난한 사람들에게는 생존이 어른이나 아이 모두의 일차적 목표였다.

특히 두드러진 중국인의 가치관은 '체면' 유지이다. 집단 지향적 중국 사회에서 체면을 잃게 하는 행동은, 그것이 어떤 것이든 개인은 물론 그 가족도 비난을 받는다. 갈등 해결 또한 종종 서로의 체면을 지켜주는 것을 기본으로 하며, 이에 의해 조화의 유교적 가치관이 유지되고 있다.

지금까지 현대 중국에서의 '한 가정 한 자녀' 정책으로 인해 발생할 수 있는 결과에 대한 연구와 예측이 많이 있었다. 외동아이는 부모의 지나친 관심으로 인해 자기중심적으로 성장할 가능성이 있으며 너무 많은 장난감과 같은 과도한 특혜를 받을 것이라는 점이 우려 사항으로 지적되었다. 이것은 '작은 황제' 신드롬이라 일컬어지고 있다.

그러나 중국 현지 연구자들이 실시한 연구에서는 이러한 우려를 뒷받침할 만한 증거가 거의 발견되지 않았다. 아이가 부모와 애착을 더 많이 형성하고 시간을 더 많이 보내고 있기 때문에 마음의 상처에 대한 증거가 전혀 없었다는 것이다. 어머니는 이제 생후 몇 개월 동안 자녀와 더 많은 시간을 보내고 있으며, 아버지 또한 양육에 더 많이 참여하고 있다. 자녀의 가치에 대한 인식도 달라져서 이제는 더 이상 자녀를 단순히 가사나 경제적으로 도움을 주는 존재로 여기지 않는다. 그러나 이 정책이 시행되지 않는 외진 시골 지역에서는 과거 양육 방식이 여전히 지배적으로 통용되고 있다.

해외로 이주한 중국인들의 경우, 아이에 대한 전통적인 기대는 새로운 나라의 기대와 충돌한다. 열심히 일하는 것에 대한 가치는 여전하며 도시에 거주하는 많은 중국 아이들은 식당과 가게 등에서 이른 아침부터 밤늦게까지 부모들의 일을 돕는다.

해외 이주 가정의 또 다른 문제는 중국 언어와 문자를 지속적으로 사용하는 것이다. 많은 이민 2세와 3세 아이들은 중국어를 거의 모른다. 가정에서 여전히 중국어를 사용하는 아이들은 종종 어른들의 체면이 손상될 수 있는 상황에서 통역자가 되기도 한다.

학업의 경우, 중국 아이들은 시험과 수학 능력 평가에서 성적이 좋으며 다른 민족 집단에 비해 더 자주 일류 대학 입학시험에 도전한다. 학업에 많은 시간을 투자하는 습관은 일찍이 몸에 배어 있지만 공부에 대한 불안감이 높을 수 있다.

자료: Child Development Centre of China(1993), Meng(1994), Ho(1986, 1994), Zhang, Kohnstamm & van der Kamp(1993).

일본 아동

일본의 어린아이들은 어머니와 매우 친밀한 관계를 맺는다. '아마에(甘え)'의 개념은 어머니에 대한 아이의 친밀한 의존성으로 이루어지는 관계를 표현하는 것이다. 그러나 아마에는 단순히 아이를 돌봄으로써

생기는 의존심 이상의 것으로서 어머니와 아이 사이의 공생적인 상호 의존성을 의미한다. 유아기에는 지배적인 방식으로 아이들을 통제하기 보다는 아이들의 바람과 요구를 맞춰주면서 응석을 받아주게 된다. 그러나 부모는 자녀가 사회적 압력을 받으면서 점차 사회적 책임을 수용하고 바람직한 행동을 하게 될 것이라고 기대한다. 아마에 관계의 효과로 어머니와 자녀 간의 의사소통이 상당히 비언어적인 방식으로 이루어지며, 이러한 방식은 성인이 되어서도 사회적 상호 작용에서 복잡한 뉘앙스로 발전한다.

아동 발달 목표는 두 가지 유형으로 정의된다. 하나는 효과적인 사회적 교류를 위해 적절하다고 간주되는 행동을 하는 것이고, 다른 하나는 아동 개인의 발전에 유용한 자질을 갖추는 것이다. 첫 번째 범주에서 '바람직한' 아이는 유순하고, 상냥하고, 온순하고, 순종적이고, 활기차고, 열정적이고, 순수하고, 쾌활하고, 기민하고, 명석하고, 현명하다. 두 번째 범주에서 '바람직한 아이'는 자기주장이 강하고, 역경을 감내하며, 자신의 약점에 대해 숙고하고 이해하는 법과 논리적으로 이해하는 법을 배우고 실천한다. 이러한 자질은 인지적이면서도 성취를 강조하고 사회적 능력과 밀접하게 관련되어 있다. 지적인 성인은 다른 사람들과 조화롭게 관계를 맺을 수 있는 사람이어야 하고 지금까지 이러한 보편적인 목표를 달성하는 데 기여했던 자질이 아이들에게 길러질 것이다. 또한 부모는 모든 아이가 자연스럽게 사회화될 것이라고 기대한다. 따라서 부모와 자녀는 상호 의존적인 욕구와 바람을 한데 아우르게 되고 부모는 어린 자녀에게 열중한다.

행동적인 결과로 일본 아이는 맡은 일을 성실히 지속하고 그 일에 대해 어머니가 적극적으로 개입한다. 실패를 부끄러워하며 자기반성은 자신의 수행능력을 개선하는 수단으로써 자주 사용된다. 자기반성은 개인적으로 이루어지기보다 종종 집단 내에서 이루어지며, 아이는 그 반성에서 힘을 얻는다. 집단과의 강한 동질감이 있으며 나이와 학교에 기반을 둔 집단들이 개인에게 오랫동안 영향력을 유지하면서 더욱 복잡한 성인 사회집단으로 이끈다. 외적 태도와 정중함은 더 깊은 감정을 숨길 수도 있다. 이 때문에 아이와 부모 모두는 매우 큰 불안을 느낄 수 있으며 이러한 불안은 어린 시절부터 아이에게 전달된다.

일본에서 다른 나라로 가족이 이주하는 경우는 이민자로서이기보다 일본 대기업 직원 신분의 체류자로서일 가능성이 더 높다. 이 경우 일본 가족들은 회사 업무상 이주 국가의 동료들과 광범위하게 상호 작용해야 하는 경우에도 가정 내에서 일본 관습은 유지한다. 이러한 상황은 일본인 아이가 비일본계 학교나 탁아시설에 다니는 경우에도 해당된다. 일본인 부모는 자녀가 이주 국가의 문화 양식을 습득하고 자신의 가정이 현지 국가와 조화로운 관계를 맺기를 바란다. 그러나 현지 국가의 문화적 환경은 일본인 아이들을 극도로 당황하게 할 수도 있다.

자료: Power, Kobayashi-Winata & Kelley(1992), Doi(1981),
White & LeVine(1986), Bornstein(1995).

터키 아동

터키 가족의 경우, 부모가 자녀들에 대해 가지는 기대가 현대적인 가정과 전통적인 가정 사이에 차이가 매우 현저하다. 전통적인 가정은 현대적인 가정에 비해 자녀를 더 많이 낳고 아들과 딸에 대한 차별도 더 심하다. 전통적인 터키 가정을 간략하게 정의하자면 '가부장적, 부계 중심적, 남편의 가족과 동거하는' 가정이라 할 수 있다(Ateca, Sunar & Kağitçibaşi, 1994). 아들은 부모에게 경제적 지원을 하고 가문을 이어갈 수 있는 존재로서 가치를 지니며, 딸은 동거자, 특히 부모가 나이가 들었을 때 부모를 봉양하는 존재로서 가치를 지닌다. 딸은 아내로서 남편을 기쁘게 하는 것을 목표로 하며 아들을 낳을 경우 또한 높이 평가받는다. 아들은 전문 직업을 갖기를 기대하지만 딸의 경우는 그렇지 않다.

전통적 가정과 현대적 가정 모두에서 가장 가치 있게 여기는 자녀의 특징은 부모에 대한 순종과 공경, 신뢰성과 정직성이다. 학업적 성공 또한 아들에 대해서는 가치 있게 여기지만 이에 대해서는 전통적 가정과 현대적 가정 사이에 성별에 따른 상당한 차이가 있다. 현대적 가정에서는 딸에 대해서도 학업적 성공을 가치 있게 여기지만 아들에 대해서만큼은 아니다. 반면 전통적 가정의 경우, 딸에 대해서는 학업적 성공을 거의 또는 전혀 가치 있게 여기지 않는다.

전통적인 가정에서 가장 가치 있게 여기는 딸의 특징은 부모에게 순종하고 부모를 공경하며 결혼을 잘 하여 현명한 주부가 되는 것이다. 반대 성과 사회적 관계를 맺는 데에서 아들인 경우는 찬성하지만 딸인 경우에는 강력하게 반대한다. 이는 전통적인 가정에서 특히 더 그렇다.

앞에서 서술한 터키 부모의 기대에 대한 개요를 통해 알 수 있듯이, '바람직한' 터키 소년은 부모에게 순종하도록 기대되지만, 그 또한 가정에서 지배적 지위에 오를 때를 고대할 것이다. 결국 그는 일찍부터 가장이 되기 위한 책임을 맡도록 독려받을 것이다. 그는 여자 형제들보다 활동이 더 자유로울 것이며, 이러한 차이는 청소년기에 특히 심해진다. 그는 자신의 역할 모델인 아버지를 통해 미래의 자신의 역할, 즉 자신의 어머니와 여자 형제들을 보호해야 하는 책임과 자신의 우월한 지위에 대해 배울 것이다.

한편 '바람직한' 터키 소녀는 전통적 가정인지 현대적 가정인지에 따라 특징이 다를 것이다. 그러나 어느 쪽이든 그녀는 순종적이며 자신의 부모를 봉양할 것이다. 부모들은 대부분 어머니와 가정주부라는 부모가 기대하는 역할 이상의 열망을 가지고 있거나 남자아이들과 사회적 관계를 맺고 싶어 하는 여자아이들을 문제아로 간주할 가능성이 높다.

자료: Kağitçibaşi(1995), Ateca, Sunar & Kağitçibaşi(1994).

인도네시아 아동

인도네시아는 크고 작은 섬과 영토가 모여서 이루어진 국가로서, 인구가 많고 문화가 다양하며 영토가 여러 곳에 산재되어 있다. 인도네시아는 이슬람교도가 지배적이지만, 힌두교 기반의 발리 문화가 있고 네덜란드와 포르투갈 식민지 시대의 기독교적 자취가 남아 있으며 초기 중국 이민자와 상인들의 후손이 거주하는 등 문화적 영향이 서로 다른 증거가 많다. 가장 유사한 문화는 인접한 말레이시아와 싱가포르의 말레이 문화이며, 자바는 가장 인구가 많은 행정 및 경제의 중심지이다. 가장 주목할 만한 인도네시아인 이민자는 네덜란드에 거주하는 인도네시아인들이다. 이들 가정은 인도네시아와 네덜란드의 전통이 많이 혼합되어 있다. 네덜란드에서 주목할 만한 또 하나의 집단은 암본(Ambon)인들이다.

문화적 다양성 속에서도 인도네시아 특유의 아동 양육 방식을 발견할 수 있는데, 이는 자바에서 기원하여 다른 지역의 아동 양육 방식에 영향을 미치고 있다.

인도네시아 아동은 기질적으로 공격성이 낮고 어린 형제들에 대한 양육 책임감이 높으며 어른과 윗사람을 높이 공경하도록 가르침을 받는다. 자바 사회는 계급 사회로서 신분에 따른 계급이 정교하게 정해져 있으며 이러한 계급 제도가 가정과 사회에서 지켜야 할 행동 규범에 전반적으로 영향을 미치고 있다. 자바어 또한 계급 사회의 특성을 반영하는데 대화하는 사람 간의 계급에 따라 사용하는 언어 형태가 다르다.

아이들은 가정에서 가장 중요한 두 가지 문화적 가치관을 중시하도록 양육되는데, 바로 다른 사람에 대한 존중(hormat)과 조화로운 사회관계(rukun)이다.

자료: Geertz(1982), Mulder(1992a, 1992b), Setiono(1994).

아프리카 아동

서양인들에게 아프리카 출신 아이들 사이의 많은 문화적 다양성을 인지하는 것은 매우 어려운 일일 수 있다. 그러나 아프리카 대륙에는 헤아릴 수 없이 많은 문화가 있다. 북쪽의 중동 이슬람교 국가들에서부터 남아프리카의 다민족 국가에 이르기까지, 그리고 동쪽의 케냐에서부터 서부 해안의 국가들에 이르기까지, 전통적인 양육 관습은 물론 전통적이면서도 현대적인 양육 관습을 발견할 수 있다. 과거 식민지 열강들의

---

* 인도네시아 말루꾸(Maluku) 군도의 중심종족으로 네덜란드 식민지 시대에 서구적인 기독교 교육을 받아 '검은 네덜란드인'이라고 불렸다. 1956년 인도네시아 독립 후 중앙정부에 반발했던 많은 암본인들은 네덜란드로 망명했다.

영향이 구어체 언어에 남아 있으며 정치 제도, 사법 제도, 교육 제도에는 특히 영국, 프랑스, 포르투갈, 네덜란드의 영향이 남아 있다. 그 속에서 전통적인 생활방식 또한 발견할 수 있는데, 이는 시골 지역에서 가장 강하게 유지되고 있다. 대다수 문화에서 아이들에 대한 기대는 가정 내에서의 전통적 역할과 책임을 중심으로 되풀이되고 있다. 그러나 이러한 전통적 기대는 도시로의 이주와 빈곤, 내전, 기아, 풍토병 등에 의해 종종 위협받는다.

그러한 극한 상황에서 가장 우선되는 기대는 아마도 자녀가 단지 살아남는 것일 것이다. 공교육의 보급과 관련한 상황은 나라마다 매우 다르다. 또한 생활방식에서, 나이로비와 같은 도시에서 정착 형태로 생활하는 것과 마사이족의 전통적인 유목민 생활 사이에는 차이가 상당하다. 그러나 이러한 불안정한 상황에서도 자녀에 대한 전통적인 방식은 많이 남아 있다.

최근 많은 아프리카 가족들이 영구적인 정착이나 일시적인 체류를 위해 서구 국가로 이주했다. 전문가는 아프리카 아동의 문화를 일반화하기 전에 먼저 그 아동의 배경을 파악하는 것이 더욱 중요하다. 아프리카 가정의 아동 양육 관습의 몇몇 특징은 이미 널리 알려져 있다. 사회적 능력은 가장 두드러진 발달 목표이며, 그 기준은 오랜 역사적 토대를 지닌 전통적 가치관에 기초하고 있다. 아이들은 일찍부터 자신의 역할을 배우는데, 이를 위해 사용하는 방법으로 가장 흔한 것은 설명을 통한 가르침보다 실습해보는 것이다. 또래집단과 확대가족의 구성원, 형제자매들은 이러한 역할을 가르치는 데 중요한 몫을 담당하는데, 더 어린 아이들이 보고 배우도록 롤 모델을 제공한다. 실제 나이보다는 성숙함의 수준에 따라 그 아동이 새로운 단계의 책임으로 나아갈지를 결정한다.

가족의 수가 아무리 많아도 어머니는 자녀를 더 갖기를 원한다. 남자들은 자주 집에서 멀리 떨어진 도시로 일을 하기 위해 오랫동안 나가 있기 때문에, 여성이 실질적으로 가정을 이끌어가는 가정이 흔하다. 이러한 상황에서도 어머니는 자녀를 매우 소중하게 여기기 때문에 항상 자녀 돌보는 것을 소홀히 하지 않는다.

그렇다면 아프리카 아이들에게 '바람직한' 특징과 '바람직하지 못한' 특징은 어떤 것인가?

은사메낭과 램(Nsamenang & Lamb, 1993)은 연구를 통해, 카메룬의 부모와 조부모는 부모에 대한 공경, 순종, 도움을 줄 수 있는 능력, 정직성, 부모에 대한 효도, 근면함을 '바람직한' 아이의 표시로 생각하고 있음을 알았다. 반면 '바람직하지 못한' 아이의 특징으로는 '불복종과 불공경, 태만, 호전적 성향, 탐욕, 소심함, 놀기 좋아함, 호기심 많음'을 드는 것으로 나타났다. 그러나 현재 전통적인 신념에 대한 많은 변화가 일어나고 있기 때문에, 아프리카 아동에 대해 틀에 박힌 판단을 하는 것은 어리석은 생각이 될 것이다.

자료: Liddell et al. (1991), Munroe and Munroe(1994), Nsamenang(1992), Nsamenang & Lamb(1993).

유럽 출신의 아동

앞에서 언급한 여러 비서구 문화는 유럽 문화와 상당한 차이가 있다. 그러나 유럽인 집단 내에는 그보다 차이가 더 많다.

이는 다양한 세계 문화를 단순히 서구적인 것과 비서구적인 것으로 분리할 수 없음을 의미한다. 앞에서 가정한 다문화적 유치원의 사례를 통해 관찰 가능한 기질 및 행동적 차이의 일부를 실례를 들어 설명할 것이다.

네덜란드 아동

전통적인 네덜란드 가정에서는 엄격한 도덕성과 강한 독립성이 아동 양육에 중요한 두 가지 목표가 되어왔다. 또한 청교도적 직업윤리는 전통적인 네덜란드의 가치관과 잘 맞는다.

따라서 '바람직한' 아이는 매우 근면하여 정신적으로든 육체적으로든 자신의 일을 회피하지 않으며 독립적으로 행동하고 옳고 그름에 대한 확고한 의식을 가지고 있다. 네덜란드 아이들은 자신의 생각을 분명하게 표현하도록 독려받는다. 또한 성별에 관계없이 동일한 수준으로 교육을 받을 수 있다.

그런데도 여자아이들은 현명한 가정주부가 되도록 기대되며 실습과 자신의 어머니를 도움으로써 가사 기술을 배운다. 특히 청결은 가사에 기본 덕목이 된다. 네덜란드인 이민 가족은 호주나 캐나다, 미국과 같은 전통적인 영국 문화를 가진 새로운 나라에 적응하는 데 거의 어려움을 겪지 않는다.

자료: Koops et al.(1990), Eldering(1991).

독일 아동

네덜란드 아이들처럼, 독일 아이들도 독립을 일찍하도록 독려받는다. 또한 일본이나 인도, 인도네시아 아이들에 비해 공격성이 더 많이 용인

된다. 자신의 의사를 적극적으로 표현하도록 격려받으며, 동시에 올바른 행동과 어른과 윗사람에 대한 예의범절을 엄격히 지키는 것이 강조된다. 또한 기술적 능력을 갖추도록 하고, 특히 큰 아이들과 청소년들의 뛰어난 기술적 능력은 그에 따른 보상과 상당한 찬사를 받는다.

전통적으로 아버지와 아이들 간의 관계는 엄격하고 냉담한데, 이는 중상류층 가정에서 특히 그러하다. 오늘날의 독일 청소년은 과거에 비해 자유를 훨씬 더 많이 누린다. 영국과 미국의 팝문화를 공유하며 많은 청소년들이 영어를 배우고 유창하게 말할 수 있다.

독일 아동은 실외 활동을 즐기고 용기와 인내가 필요한 신체활동을 매우 선호한다. 따라서 모험심 강한 독일 청소년들이 멀리 떨어진 다른 많은 나라로 배낭여행을 떠나는 것을 볼 수 있다.

자료: Kornadt et al.(1992), Keller, Schölmerich & Eibl-Eibesfeldt(1998).

이탈리아 아동

이탈리아의 아동 양육 관습은 서구의 문화적 전통을 가지고 있기는 하지만 북유럽 문화의 아동 양육 관습과는 차이가 크다.

이탈리아인 이민자의 경우 많은 나라에서 여러 세대에 걸쳐 터전을 잡은 가정을 흔히 볼 수 있다. 그 결과 국제결혼을 빈번하게 했는데도 이탈리아의 문화적 근원은 이민 가정에서 꾸준히 보존되고 있다. 또한 대가족과 가톨릭 학교 제도를 통해 가톨릭교회의 전통을 유지해오고 있다.

이탈리아인의 생활방식이 독일이나 네덜란드보다 더 자유로운 것은 분명하다. 감정 표현이 즉각적이므로 이에 비해 독일인과 네덜란드인은 기질적으로 둔감하게 보이기도 한다. 아동 양육은, 가장인 아버지와 할아버지에 대한 순종과 음식을 만들고 정서적 안정감을 주는 어머니의 주된 역할을 토대로 이루어진다. 가족 간의 친밀한 유대 관계가 강조되기 때문에, 분위기는 더 자유롭지만 아이들은 엄격한 제약을 받는다. 끈끈한 가족적 유대 관계를 중시하여 가족에 대한 의무 역시 강하기 때문이다. 아주 빈곤한 가정에서도 가족의 명예를 중시한다. 따라서 '바람직한' 아이는 가정, 가족이 운영하는 가게나 농장 등 그 장소에 관계없이 어디에서든 가족을 돕는 아이이다. 전통적인 '바람직한' 여자아이는 순결한 처녀로 결혼하여 자녀를 낳으려고 할 것이다.

그러나 오늘날의 이탈리아의 젊은 여성들은 자녀를 그다지 많이 낳지 않으며 가톨릭교회가 인정하지 않는데도 점차 많은 여성들이 산아 제한을 하고 있다. 그 결과 과거보다 소규모 가족이 늘어나면서 전통적인 역할이 변하고 있다. 장녀는 이제 동생들에 대한 과도한 책임을 맡거나 많은 가사 일을 하지 않아도 된다. 그에 따라 여자아이들은 이전에는 그다지 중요하게 여기지 않았던 학업에 훨씬 더 시간을 많이 투자할 수 있게 되었다.

'바람직한' 남자아이는 능력이 뛰어나서 가족에게 명예를 가져다주는 아이일 것이다. 부모는 자신들이 나이가 들었을 때 이 아이가 자신들을 부양하기를 기대할 것이다. 따라서 바람직한 남자아이는 나중에 성장하여 비즈니스, 교역 또는 전문 직업에서 성공하게 되면 자기발전만큼이나 부모에 대한 부양 의무를 충실하게 수행할 것이다.

자료: Bertelli(1985), Cashmore & Goodnow(1986).

미국 아동

지금까지 다른 여러 문화집단 가운데서도 미국 아동에 대해 가장 많이 연구되어온 것은 분명하다. 게다가 미국 아동은 아동 발달과 부모에 대한 지원 분야에서 교과서의 주제로 빈번히 등장하기 때문에 미국 아동에 대해 기존에 언급된 내용은 미국 아동 전체에 보편적으로 적용되는 것처럼 보일 수도 있다. 그러나 앞에서 서술한 여러 문화에 대한 개요에서도 알 수 있듯이 이는 사실과 거리가 멀다. 미국 내에는 결코 무시할 수 없는 영향력을 지니고 있으면서 유럽 백인의 주류문화와 다른 많은 하위문화가 있기 때문이다. 여기에는 미국의 인디언 원주민 문화와 아프리카계 미국인 문화를 비롯하여 푸에르토리코와 멕시코계 미국인과 같은 중미 문화가 있으며, 각 문화마다 상당히 많은 인구로 이루어져 있다.

따라서 교과서와 전문가들이 언급하는 미국인의 아동 양육 관습은 실제와는 다를 수 있다. 그런데도 이러한 책 전반에 걸쳐 나타나는 아이들의 기질과 행동에 대한 기본적인 아동 양육의 기대치가 몇 가지 있다. 가장 널리 인정되는 개념 중 하나는 아동 발달 목표에서 사고와 행동, 대인관계의 자율성을 지향한다는 것이다.

아이들은 자신의 의견을 자유롭게 표현하도록 격려되며, 어릴 때부터 개인적인 선호를 표현하는 것이 허용된다. 이것은 가정에서 민주적 관계로 나타난다. 미국 부모는 자녀의 개성을 중요시하도록 권장되며 순응적인 태도를 낮게 평가함에도 역설적인 점은, 미국 아이들은 또래 집단의 압력에 매우 순응적이라는 사실이다. 사람들에게 무엇이든 자유롭게 판매할 수 있는 민간기업은 뛰어난 광고 기술과 영향력을 가지고 있으며, TV, 라디오, 컴퓨터 게임 및 가장 최근에는 인터넷과 같은 컴퓨터 네트워크를 통해 아이들에게 일찍부터 영향을 준다. 가정에서 원하는 제품을 구입할 수 있는 환경은 앞에서 언급한 원하는 제품을 마음껏 구입할 수 없는 다른 나라 아이들과 대조적이다.

'바람직한' 미국 아동은 자신감이 있고 독립성이 강하다. 미국 아동은 적극적이고 다른 아이들 앞에서뿐 아니라 어른들 앞에서도 자신감 있게 큰 소리로 말하도록 격려받는다. '바람직한' 아이는 주어진 환경을 이용하는 능력이 뛰어나며 컴퓨터와 전자통신과 같은 현대적 기술 능력을 갖추도록 양육된다. 핵가족으로 이루어진 중류층 가정에서 아이는 많은 물질적 혜택을 받는다. 그러나 부유한 가정과 빈곤한 가정 사이의 차이는 현저하며, 그러한 차이는 아프리카계 미국인과 중미인 하위문화에서 매우 뚜렷하게 나타난다.

아프리카계 미국인 하위문화에서의 대가족은 핵가족보다는 확대가족과 유사하게 가족의 유대관계가 강하며 대부분의 아이들의 가정생활을 특징짓는다.

빈곤층과 유색인종에 대한 차별 문제와 관련하여 작성된 보고서는 많다. 또한 아프리카 흑인의 지위 향상을 목적으로 한 긍정적 차별에 대한 프로그램에 관한 보고서도 많다. 이러한 프로그램이 있는데도 흑인 아이들의 향후 전망은 많은 경우 여전히 제한적이다. 다른 사회적 성취의 경로가 막혔을 때에는 몇몇 스포츠 분야에서의 능력을 사회적 성취의 경로로 이용하기도 한다.

다른 주요 하위문화인 중미 또는 라틴 아메리카계 문화의 대표적인 예는 멕시코계 미국인 아이들이다. 이러한 문화적 배경의 아이들은 미국 대부분의 대도시에서 거주하는데, 특히 서남부의 여러 주와 캘리포니아 남부에서 대규모 하위문화를 형성하고 있다. 아동 양육 관습에 대한 비교연구에서 멕시코계 미국인 가정과 주류 미국인 가정 사이의 차이가 상당한 것으로 발견되었다. 가치관과 아동 양육 관습의 비교는 멕시코인 집단의 상대적으로 열악한 경제적 상황 때문에 종종 난처한 상황에 직면하게 된다. 그러나 이러한 경제적 상황의 변수를 감안하더라도 여전히 문화적 차이가 상당히 존재한다. 연구에 따르면, 멕시코계 미국인의 가정은 독립적이기보다 가족 중심적이며 상호 의존적 성향이 상당히 강하다.

한편 미국 인디언 원주민 하위문화는 고유문화를 상실하고 전통적 환경에서 쫓겨나 불리한 상황에 처해 있다는 것이 일반적인 생각이다. 아이들은 대부분 성취동기를 상실하고 있으며 자신들의 문화적 정체성도 확고하지 않다. 이에 관한 문제들은 이후 여러 장에서 다룰 것이다. 부족의 연장자가 바람직하다고 여기는 행동과 아이들이 믿고 따르는 주위 사람들이 생각하는 바람직한 행동이 일치하지 않을 가능성이 있다.

자료: Skolnick 등, *General texts on development psychology*(1986),
Pedersen et al.(1989).

호주 아동

호주 아동은 과거 영국인, 스코틀랜드인, 웨일스인, 아일랜드인 식민지 이주자들과 현 이민 정책에 따라 보다 최근에 대량 유입된 이주민에 의해 영국적 문화 환경의 지배를 받는다. 최근 다문화 출신의 많은 이민자들이 호주로 이주하고 있지만 영국 배경의 이민자가 여전히 대다수를 차지한다.

초기 이주자들은 전혀 다른 새로운 환경을 접하게 되었고 기후와 거리의 차이로 인해 많은 기질적 차이가 나타났다. 영국의 사회 제도가 여전히 호주 사회의 토대로 남아 있지만 미국인의 영향과 다문화적 이민 정책에 따라 발생한 다양한 변화가 현재 호주 아동의 생활에 상당한 영향을 미치고 있다.

일반적인 통념과 달리 호주 주민은 시골 사람이 아니라 세계에서 가장 도시적인 사람들이다. 대부분의 아이들이 해안 지대의 도시 근교에 거주하며 모든 주요 도시의 환경은 다문화적이고 40% 이상의 아이들의 부모가 해외에서 이주한 사람들이다.

그렇다면 호주에서 '바람직한' 아이와 '바람직하지 못한' 아이의 특성은 무엇인가? 전통적으로 호주 부모는 자녀가 성인이 되면 독립하기를 바란다. 또한 자녀가 자신들이 늙으면 돌보도록 가르치기보다 되도록 오래 독립적인 생활을 하려고 노력한다. 그러나 부모와의 친밀한 관계 또한 소중하게 여기며 부모는 청소년과 어린아이들에게 있어 가치관과 행동 규범의 주요 근원이 된다.

평등주의적 태도가 권장되며 취업 기회와 관련하여 여전히 일부 성차별이 존재하기는 하지만 여자아이도 교육 기회를 동등하게 갖는다. 스포츠와 다른 실외 활동 능력에 대한 관심이 높기 때문에 이러한 능력을 지닌 아이들은 어른들에게 격려를 받고 또래에게 인기가 있다.

사회 계층에 따른 차이가 존재하지만 다른 나라들만큼 심하지는 않다. 그러나 최근에는 한부모 가정의 수가 증가하고 있다. 이런 가정의 경우 대부분 어머니가 자녀 양육에 대한 책임을 맡는데 이 중 대다수의 어머니가 직장에 다니기 때문에 아이들은 탁아 시설이나 유치원에 다니거나 가정에서 보모가 돌보는 것이 일반적이다. 따라서 많은 아이들이 이들 탁아 기관에서 처음으로 다른 문화 출신의 아이들을 접하게 된다.

자료: Burns & Goodnow(1979), Storer(1985).

기질적 차이와 행동적 차이 다루기

지금까지 언급한 여러 문화의 아이들에 대한 개요는 그 문화 출신의 아이들을 완벽하게 설명하려 하기보다는 이를 토대로 전문가들이 직면하는 다양한 유형의 문화에 따른 기질적 차이 중 일부를 보여주려는 것이다. 전문가의 임무는 기질적 차이의 결과로 나타나는 행동적 차이를 효과적으로 다루는 것이다.

이를 위해 전문가는 겉으로 보이는 아동의 바람직한 행동이 과제에 잘 집중하고 있는 표시인지 아니면 억압되거나 불안한 반응인지를 판단해야 한다. 이와 마찬가지로 전문가는 겉으로 드러난 문제 행동이 개인적 반응인지 또는 문화적으로 수용된 가치관이나 반응 방식에 따른 표현인지 판단해야 한다. 만약 후자의 경우라고 판단한다면 그 행동의 문화적 의미 또한 판단해야 한다. 앞에서 제시한 각 개요를 통해 알 수 있듯이 문화마다 아이들의 '바람직한' 행동 또는 '바람직하지 못한' 행동에 대한 판단에는 상당한 차이가 있을 수 있다. 즉, 한 문화에서는 '바람직한' 아이가 다른 나라에서는 '바람직하지 못한' 아이가 될지도 모른다는 것이다.

이러한 판단의 과정과 뒤이은 조치에 대해 생각해보기 위해 유치원에서 서로 상반된 행동 유형을 보이는 두 명의 아이와 이에 반응하는 두 명의 교사가 있다고 가정해보자. 이름으로 초래될 수 있는 모든 선입견을 피하기 위해 그 두 명의 아이는 각각 Y와 Z로 명명할 것이다. Y와 Z 그리고 각각의 교사가 가진 문화적 배경은 서로 다르다.

아동 Y와 Z는 다른 또래들과 함께 앉아 교사가 해주는 이야기를 듣고 있다. 다른 한 명의 교사도 같은 교실에 있다. 갑자기 아동 Z가 일어나서 아무 말 없이 화장실에 간다. 다른 아이들은 Z의 행동에 술렁이지만 아동 Y는 교사들과 Z에게 아무런 눈길을 주지 않은 채 조용히 이야기를 듣고 있다.

이러한 상황에서 두 명의 유치원 교사는 Z의 행동을 어떻게 해석할 것이며 그 해석을 토대로 그 상황을 어떻게 처리할 가능성이 가장 클 것인가?

첫 번째 교사의 해석에 따르면, Z의 행동은 용납할 수 있는 것이다. Z는 긴급한 욕구를 스스로 처리하고 있기 때문에 독립심을 보여주고 있는 중이며 이는 격려받아야 한다고 생각한다. 따라서 이 상황을 다룰 때 첫 번째 교사는 Z가 돌아오면 그에게 흐뭇한 미소를 지으며 그가 놓친 이야기 부분을 간략하게 설명해준다.

반면 첫 번째 교사에게 Y의 행동은 거의 인식되지 못한다. Y에 대해 질문하면, 그 교사는 Y가 차분하고 온순했지만 돌발 상황에 관심을 보이지 않고 관여하지도 않았다고 답한다.

두 번째 교사는 Z의 행동에 대해 첫 번째 교사와는 해석이 다르다. 그녀의 관점에서는 Z의 행동을 용납할 수 없다. Z는 교사에 대한 예의

가 없고 잘못된 행동을 했으며 자기 마음대로 움직이면 안 되고 가만히 있어야 했다고 생각한다. 따라서 이 상황을 다룰 때 두 번째 교사는 Z를 꾸짖으며 화장실에 가려면 허락을 받아야 하고 다른 친구들이 모두 그런 행동을 하면 문제가 생길 수 있으며 다른 아이들이 그런 행동을 좋아하지 않을 것이라고 말한다.

Y에 대한 질문을 받았을 때 그 교사는 Y의 행동에 만족해한다. Y는 바람직한 행동을 하고 있으며 다른 아이들에게 방해가 되지 않는 모범적인 모습을 보여주었을 뿐 아니라 교사에 대한 존경심을 보여주었다고 답한다.

이러한 해석은 교사가 아동들의 문화적 배경에 대해 얼마나 잘 알고 있어야 가능할까? 그리고 교사 자신의 문화적 배경은 이러한 아동의 바람직한 행동에 대한 기대에 얼마나 영향을 끼치는 것일까? 또한 교사의 기대는 Y와 Z의 부모의 기대와 얼마나 일치하는가? 다음 장에서는 이러한 문제들을 다룰 것이다.

이 장에서는 아동의 기질과 행동에서 발견할 수 있는 다양한 문화적 차이를 소개했다. 그러나 모든 단일 문화 내에서도 각각의 아이들은 서로 다르며 전문가는 행동적 차이의 원인을 문화적 요소 탓으로만 돌리지 않도록 항상 주의해야 한다는 것 또한 분명하다. 부모가 바람직한 행동으로 기대하는 것에서의 문화적 차이를 설명하기 위해 앞에서 제시한 여러 문화에 대한 개요는 완벽한 것이 아니며 오히려 문화적 요소들을 포함한 차이를 지적한 것이다.

문화 간에 상당한 차이가 있지만 부모에 대한 공경과 같은 몇몇 공통적인 특징이 있다는 것 또한 명백한 사실이다. 그러나 이러한 공통적인 특징에서도 아이들에 대한 기대의 정도는 문화마다 매우 다르다. 더 상세히 알고자 하는 독자는 각 개요 하단에 제시된 출처를 참고하기 바란다.

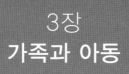

3장
가족과 아동

2장에 서술된 각 개요를 통해 알 수 있듯이, 자녀 행동에 대한 부모의
기대는 가족 내 역할 및 관계와 깊이 관련되어 있다. 오늘날 모든 나라
의 가족들은 자국의 현대화 정책에 따라 상당한 변화를 겪고 있다. 예를
들어 여러 개발도상국의 경우, 주요 직업 형태가 농업과 목축업에서 공
장 근로와 공업으로 변화함에 따라 사람들이 일자리를 찾아 대거 도시
로 이동하고 있으며 이는 전통적 가족의 안정성을 위협하고 있다. 현재
시골에서 도시로의 이주는 전 세계적으로 나타나는 현상이며, 그에 따
라 전통적 시골 가정의 가족들은 생이별을 경험하고 도시로 이주한 사
람들은 새로운 생활방식에 적응하는 데 따른 스트레스를 심하게 받고
있다. 또한 최근 수년 동안 많은 가족이 다른 나라로 이주했으며 그 결
과 이전 생활방식이 붕괴되었다. 영화와 텔레비전 등의 대중 매체뿐 아
니라 각국 정부와 여러 국제 원조 기관이 도입한 공교육 제도와 가족계
획, 가족 지원 프로그램의 확산 또한 개발도상국의 가족에게 많은 영향
을 미치고 있다.

대다수의 문화에서 이러한 변화의 수준은 매우 높으며, 일부 문화에서는 이제 '가족에 대한 정의'마저 흔들리는 실정이다(Burns, 1991 참조). 과거 가정 내 아동에 대한 대우와 아동이 자신의 역할 기대를 배우는 데 영향을 준 두 가지 주요 가족구조 형태는 핵가족과 확대가족이다. 그러나 오늘날에는 이들 각각의 가족구조 형태가 매우 다양하게 변화하고 있다. 많은 나라에서 전통적인 확대가족 구조는 보다 핵가족화하고 있으며 이러한 변화와 함께 가족의 가치관에도 많은 변화가 일어나고 있다. 그 대표적인 예는 그리스에서의 가족 가치관의 변화이다(Georgas, 1989). 인도의 부유층 가정에서 자신의 할머니와 어머니 그리고 자신의 역할에 대한 여자아이들의 개인적 평가를 토대로, 베르마(Verma, 1995)는 전통적인 확대가족 가정보다 핵가족 가정으로의 변화가 어머니의 역할에 어떻게 영향을 미쳤는지를 설명한다.

대다수 서구 국가에서 핵가족은 가장 흔한 가족형태지만, 지금은 이전만큼 안정적이지 않다. 호주 가족들에 대한 푼더(Funder, 1991)의 연구에 따르면, 이혼으로 한부모 가정이 발생하고 뒤이은 재혼으로 혼합 가족이 발달할 수도 있다. 혼합 가족은 남편과 아내가 각각 이전에 한 결혼에서 자녀를 두고 있을 경우에 발생한다. 이 외에도 결혼을 하지 않은 한부모 가정이 빈번하게 나타나는데 이는 자신의 선택에 의한 것일 수도 있지만 대개는 어머니가 결혼하지 않은 소녀이고 아버지가 누군지 모르거나 그녀를 떠났기 때문이다.

확대가족이 문화적 규범이거나 문화적 규범이었던 문화에서는 이러한 형태의 가족구조는 비교적 드문 편이다. 문화적 또는 종교적으로 이혼을 강력하게 금지하는 곳에서의 가족구조는 일반적으로 주어진 역할과 계층적이고 가부장적인 역할 관계에 의해 특징지어진다. 이들 역할은 가족의 응집력이 깨졌을 때 위협을 받는다.

아동 문제를 다루어야 하는 거의 모든 경우에 전문가는 그 가족도 상대해야 한다. 다른 문화 출신의 부모는 이해하기 어렵기 때문에 많은 전문가들은 해당 아동만 상대하고 싶어 할 것이다. 부모와 그 아동에 관해 논의하기가 어려울 경우, 전문가는 그 이유가 부모의 미숙한 언어 능력 때문인지, 의사소통 방식에서의 문화적 차이 또는 부모의 반응을 제한하는 뿌리 깊은 적의나 불안 때문인지를 파악할 수 없을지도 모른다.

대다수의 부모는 다른 문화의 사람들을 대하는 것을 수줍어한다. 또한 부모의 관점에서 전문가는 자신들의 과거 경험상 매우 조심해야 하는 공권력의 한 형태로 보일 수도 있다. 반면 전문가는 부모의 이러한 과묵함을 그 부모가 자녀의 학교나 유치원 또는 탁아 활동에 참여하기를 꺼려하는 것으로 해석할지도 모른다. 부모가 전문가의 기대에 적절하게 반응하지 않을 경우, 전문가의 관점에서는 그 부모는 전문가가 아동을 돌보는 동안 적용해주기를 바라는 금기와 제한을 비롯하여 수용하기 힘든 엄격한 행동 기준을 가지고 있는 것으로 판단할 수도 있다.

이러한 부모의 태도는 어떠한 방식으로 왜 나타나는가? 이 질문에 답하기 위해서는 가족 역할과 관계에서 문화를 구별하는 두드러진 요소 몇 가지를 고려할 필요가 있다. 이것들은 시골에서 다문화적 도시 환경으로 이동하든 이민 또는 장기 체류를 위해 다른 나라로 이주하든 관계없이 가족이 다른 문화 환경으로 이동할 때 중요한 요소가 된다.

전통적 가족구조 관계에서 발생하는 변화에는 서로 상호 작용하는 많은 요인이 있다. 한 가족이 시골에서 도시로 이주할 때 조그만 도시

아파트에는 부모나 확대가족의 다른 구성원들을 위한 공간이 없을 수 있다. 따라서 부모나 조부모는 마을에 남게 된다. 또한 이민 또는 장기 체류를 위해 다른 나라로 이주할 경우 그 가족은 생존을 위해 새로운 환경에 맞게 기존 생활방식의 일부를 변화시켜야 하는데, 이때에도 부모나 조부모는 대부분 고국에 남게 된다. 현대화 과정에서 새로운 고용 형태가 등장했으며 그에 따라 젊은이들은 교육과 직업을 위해 전통적인 가정을 떠나게 되었다. 시골 사람들이 도시로 대거 몰려들면서 많은 도시가 지속적으로 팽창하고 이러한 도시 발전이 이전의 시골 환경이었던 곳으로 확대되면서 많은 가정에서 전통적인 생활방식이 붕괴되고 있다. 그러나 이렇게 도시로 이동하여 항상 성공하는 것은 아니다. 방콕, 마닐라와 같이 급격하게 성장하는 많은 도시의 경우, 일자리를 구하기 위해 시골에서 도시로 이주한 수천 명의 가족은 극도로 열악한 상황에서 생활하고 있다. 정치적 변화를 비롯하여 이데올로기적 압력과 종교적 압력 또한 이러한 요인과 다양한 수준으로 서로 영향을 주고받을 수 있다.

시골에서 도시 생활방식으로 변화하는 과정에 있는 가족 중에는 이전의 관계를 유지하려는 시도로 인해 어려움을 겪는 경우가 있다. 이러한 가족에게 발생하는 흔한 문제는 가족 내 조부모나 마을의 연장자들이 더 이상 곤란한 상황을 해결해주거나 갈등 해결을 조언하는 역할을 하지 못하고 아이들의 복지에 관한 결정에도 도움을 주지 못하게 되는 것이다.

이와 같은 결과가 시골에서 도시로 이동한 것에 따른 것인지 여부를 판단하는 것은 어려운데, 그것은 이러한 이동이 전통적 가족구조의 붕괴에 영향을 줄 수 있는 다른 요인과 함께 발생한다는 데 있다. 그 다른 요인 중 가장 분명한 것은 소녀들이 교육을 받을 기회를 더 많이 갖게 되는 것이다. 이는 소녀들의 열망과 전통적인 가족구조 속에서 소녀들이 기대받았던 역할을 기꺼이 수행할지의 문제를 현저하게 변화시킬 수 있다. 이러한 변화는 핵가족 가정과 확대가족 가정 모두에게 적용된다.

가족구조에서의 변화는 배우자 사이, 자녀와 부모 사이, 형제자매 사이의 태도 변화를 포함한다. 무엇이 이러한 변화의 연결 고리의 가장 앞에 놓이는지는 결코 분명하지 않으며 그 순서 또한 항상 동일하지 않다. 앞에서 언급한 소녀들에 대한 교육 확대에 따라 발생하는 변화뿐 아니라 경제적 요인과 이민 또한 여기에 관계가 있다.

전통적 가정에서는 기대되는 역할이 분명하게 구분된다. 즉, 가사에 대한 책임은 보통 여성에게 있으며 가정 외부의 일과 재정적인 일은 남성이 맡는다. 아이들은 나이, 태어난 순서, 성별에 따라 책임을 맡거나 서아프리카 아이들의 경우(Nsamenang, 1995)처럼 성숙한 수준에 따라 책임을 맡는다. 전통적 대가족의 경우, 장녀는 동생들을 돌보는 데 대한 책임을 많이 맡을 것이며, 장남은 동생들, 특히 남동생들의 교육과 복지에 대한 책임을 맡는다. 이러한 계층적 구조에서 장남은 자신보다 나이가 많은 장녀보다 지위가 우월한 것으로 간주할 수도 있다. 여러 형태의 명칭 또한 가족 내 지위를 반영하는 경우가 있다. 중국, 말레이, 인도네시아 문화에서 이름은 서구 문화에서와 달리 지위를 표현한다. 또한 며느리의 부모와 구별하는 시어머니와 시아버지에 대한 용어도 있다.

이러한 전통적인 가족 제도에서는 가정 내 활동이 성별에 따라 광범위하게 구분될 수 있다. 전통적인 가정에서 성장한 여성은 자신의 권한이 상실되었음을 전혀 느끼지 못하고 가사 능력을 개발하는 데 관심을 둠으로써 가사 능력이 상당히 뛰어날 수 있다. 또한 부모의 가르침대로 좋은 아내가 되어야 한다고 생각하며 현재 상태에 만족하는 다른 여성들과 상호 작용을 할 기회도 많다. 그러나 핵가족화의 영향으로 여성들의 이러한 의식이 변하기도 한다.

한편 전문 직업은 가정과 직장에서 효과적으로 자신의 역할을 구분할 수 있는 일부 여성만이 추구할 수 있다. 이러한 이중성은 여성이 가사를 전담하는 것이 규범화된 많은 나라에서 나타날 수 있다. 크롤릭(Krolik, 1981)은 말레이시아와 호주 여학생들의 역할 기대에 대한 연구에서 아내와 어머니, 일하는 여성의 역할에 대해 말레이시아 여학생들의 경우에는 갈등을 일으키지 않았지만 호주 여학생들의 경우에는 그렇지 않았다는 사실을 밝혔다.

확대 가족 구성원들은 종종 가정부 일을 하며 자신의 가정을 돌보는 역할을 한다. 예를 들어 말레이시아에서는 시골 소녀가 도시에 있는 전문직 가정에서 하인이자 보모로 일하면서 자신의 가족을 부양하는 경우가 많다. 벌이가 대단하지 않을 경우에도 부모 대신 가족 부양의 책임을 맡는다. 그러나 때때로 이러한 상황은 그 소녀에게 고향에서는 불가능했던 더 많은 교육의 기회를 제공하기도 한다.

이민 가정에서의 변화

확대가족을 바탕으로 한 가정이 핵가족이 일반적인 기대 규범으로 자리 잡은 영국, 호주, 캐나다, 미국 등의 국가로 이주했을 경우, 가족 내 상호 지원 시스템은 더 이상 기능하지 않게 된다. 그런데 호주에서와 같이 가족 초청 이민이 장려되는 국가에서는 부모 세대 가족 구성원이 먼저 와 있던 자녀들과 합류할 수도 있다. 그러나 이러한 제도에는 이점과 문제점이 모두 있다. 나이 든 부모는 아이들 양육 방식 특히, 공경과 순종의 사항과 관련해 견해가 다를 가능성이 있다(Rosenthal, Demetriou & Efklides, 1989).

또한 아들이 다른 문화 출신의 여성과 결혼하면, 그 아내와 시댁 가족 사이에 갈등이 발생할 여지가 많다. 음식 종류 선택, 요리 방식, 식탁을 차리는 방식, 예의범절, 아이들의 옷차림, 사춘기 딸이 또래 친구들을 비롯한 남자 친구들과 자유롭게 외출하는 것을 허용하는 것의 여부 등의 문제는 모두 부모의 권위에 도전하는 것으로 간주되어 가족 분쟁을 야기할 수 있다. 이러한 상황에서 오해의 주요 원인은 가족 내 역할과 지위에 대해 문화적 가치관이 서로 다른 것을 받아들이지 못하기 때문이다.

또한 배우자가 사망하거나 책임질 수 있는 같은 세대의 가족 구성원이 전혀 없어서 가족의 재결합을 위해 부모 세대의 가족 구성원이 이주하는 경우가 종종 있다. 자녀와의 재결합은 배우자의 사망에 따른 외로움을 극복하는 데 도움을 주지만, 멀리 떨어진 타국에서의 생활은 또 다른 외로움의 원인이 된다. 오랜 친구들이나 매일 만나서 이야기 나누는 지인도 없고 새로운 나라의 언어와 문화도 모르기 때문에, 그들은 자신의 새로운 환경을 과거보다 더 안 좋다고 느끼게 된다. 이제는 결코 회복할 수 없는 잃어버린 생활방식에 대한 자신의 비참함을 간접적으로 표현하는 방식으로써 젊은이들을 비난할 수도 있다.

아이들은 조부모의 간섭을 싫어할 수도 있다. 특히 조부모가 오기 전에 새로운 나라에서 사춘기에 이른 경우에는 더욱 그럴 것이다. 그들이 상상력으로 만들어낼 수도 있는 고향에 대한 신화는 조부모가 보여주는 현실 앞에서 갑자기 사라져 버린다. 이것은 부모가 자녀 앞에서는 인정하지 않으면서 자신의 새로운 환경에서 생기는 불안감을 이겨내기 위해 자녀에게 고향의 목가적인 생활을 이야기해왔기 때문이다.

다른 또 하나의 문제는 손자에 대한 조부모의 지나친 애정으로 인해 발생한다. 손자에 대한 조부모의 무한한 허용은 보다 단호한 부모의 태도와 상충될 수 있다. 거친 놀이를 하다가 아프거나 다칠 수 있다는 두려움 때문에 조부모는 손자에게 위험한 활동을 전혀 하지 못하게 한다. 또 한 가지 흔한 경향은 항상 손자에게 무언가를 먹도록 재촉하고 간식을 제공하면서 가외의 음식으로 아이들을 키우려고 노력하는 것이다. 이러한 행동은 과거 전쟁으로 인한 박탈, 빈곤, 굶주림으로 고통받은 경험이 있는 사람들 사이에서 발생한다.

아동에게 당황스러운 상황은 부모와 조부모의 말이 서로 상충할 때 누가 궁극적인 권위자인지 판단해야 하는 경우이다. 부모의 권위가 조부모에 의해 무시된다면 기존의 권위자였던 부모에 대한 아이의 신뢰는 손상된다. 결과적으로 아동과 부모가 모두 혼란에 빠질 수 있다. 이러한 상황에서 그것이 누구인지 상관없이 특정 상황에 있는 사람의 말을 따르는 불안하지만 순종적인 반응을 보이는 아이가 있는 반면 수락은 하지만 언짢은 반응을 보이는 아이도 있을 것이다. 또한 부모와 조부모에게 각각 다른 이야기를 함으로써 거짓말과 다양한 형태의 핑계에 의지하는 아이도 있고, 완강하게 비협조적이거나 즉각 반발하는 아이도 있을 것이다. 좀 더 큰 아이와 청소년은 부모나 조부모가 절대 인정할 수 없는 현지 문화 내 또래들의 행동을 따라하는 데 전력을 다함으로써 반발심을 표현하기도 한다. 일부 문화에서는 가부장적 특성 때문에 그러한 반발적 행동에 대해 청소년기 여자아이보다 남자아이에게 더 너그러울 수도 있다(아동 불안에 대한 보다 상세한 논의는 6장 참조).

체류자 가족

다른 나라로 이주하는 또 하나의 경우는 장기 체류를 목적으로 하는 것이다. 다국적 기업의 직원, 유학생 그리고 유럽과 중동 국가들의 이른바 '초청 근로자'가 이에 해당한다. 이들 가족은 체류 기간 동안 현지 국가에 적응해야 할 뿐 아니라 귀국하면 자신의 문화에도 다시 적응해야 한다. 자녀가 현지 외국 문화에서 태어나서 청소년이 되기까지 수년간이나 체류하는 가족도 있다. 부모의 직업이 다양한 국제적 지위를 수반하는 가족인 경우, 자녀는 자라는 동안 많은 다른 문화를 경험하게 될 수도 있다. 이러한 가족은 어떤 나라에서도, 심지어 고국에서조차 마음 편히 안정적인 생활을 할 수 없을지도 모른다.

한편 다른 가족을 고국에 남겨둔 채 남편만 해외로 나가는 경우가 있다. 여성이 자녀를 다른 가족 구성원들에게 맡긴 채 홀로 다른 나라로 떠나는 경우도 있는데, 가정부 일을 하기 위해 해외로 건너가는 필리핀 여성이 이에 해당한다. 이 외에도 초청 근로자로 외국에 간 젊은 남성이 현지 국가에서 결혼을 하고 근로계약이 끝나면 고국의 가족에게 아내를

데려가기도 한다.

남편만 가족을 떠나 일을 하기 위해 외국으로 가는 경우는 매년 스페인을 거쳐 네덜란드와 독일에서부터 북아프리카로 긴 여행을 하는 대부분의 모로코 초청 근로자들의 전형적인 상황이다. 확대가족과 같은 전통적인 가족구조가 유지되는 곳인 경우, 남편은 해외에서 외로움으로 고통받을 수도 있지만 그 자녀들은 가족 중에 부재중인 아버지를 대신할 사람이 많기 때문에 이러한 상황에 그다지 큰 충격을 받지 않으며 불안감도 전혀 느끼지 않을 수 있다. 반면 그 아내의 경우는 그녀를 대하는 다른 가족 구성원의 태도에 따라 달라질 것이다.

이와 대조적으로 필리핀 여성이 자녀들과 분리되는 상황은 어머니와 자녀 모두에게 극도로 충격적인 일이 될 수 있다. 일을 하기 위해 외국으로 가는 것은 대개 극심한 경제적 어려움 때문이며 외국에서 받는 임금은 그 가족의 생계를 위한 유일한 희망일 수도 있다. 외국, 특히 중동에서의 실제 상황이 기대했던 것과 너무 달라서 여성은 이중으로 고통을 받을 수 있는데, 첫 번째는 자녀들과의 이별이고 두 번째는 고국과 전혀 다른 사회 제도에 적응하는 데 따른 어려움이다.

남성이 외국에 있는 동안 결혼하는 경우, 새로운 아내는 남편의 나라로 돌아가기를 꺼려하며 현지 국가에 정착하자고 남편을 부추길지도 모른다. 결혼을 하고 새로운 자녀를 낳으면서 일시적 체류는 서서히 영구적 거주로 변해간다. 자녀들은 현지 국가의 문화적 규범을 배우고 어머니가 현지 국가의 본래 구성원이 아닌 경우에는 어머니의 모국의 문화적 규범도 습득하게 된다. 이러한 상황은 현지 국가에서 영구적 또는 반영구적 하위문화를 형성하고 있는 주요 소수 민족에게 가장 빈번하게 발생한다. 스웨덴에 있는 핀란드인, 네덜란드에 있는 인도네시아인, 영국에 있는 파키스탄인이 이에 해당한다.

여러 연구에 따르면 이러한 체류 가족이 현지 문화에 적응하는 과정에서 많은 어려움에 직면하는 것으로 나타났다. 체류 가족의 본래 문화와 가장 현저한 차이를 보이는 것은 언어, 종교 의식, 학교 교육이다 (Eldering, 1991; Pels, 1991; Schmitz, 1992 참조). 또한 현지 국가에는 종종 현지 근로자들이 새로운 외국인 근로자들에게 적의를 품는 경우가 있는데 이는 인종 간 갈등의 원인이 되기도 한다. 초청 근로자의 자녀는 학교와 이웃 아이들과 놀 때 소수 민족에 대한 차별에 시달릴 수도 있다.

그러나 많은 유럽 국가의 초청 근로자 자녀들은 고국에서보다 더 나은 교육 기회를 가질 수도 있고 성차별도 덜 받는다. 반면 엄격한 이슬람교 국가에서는 초청 근로자 가족, 특히 다른 문화 출신의 여성이 적응하기에 매우 힘들 수 있다.

체류 기간이 끝나고 가족들이 고국으로 돌아가야 할 때, 또다시 재적응에 따른 문제가 발생할 수 있다. 그러나 아이들은 부모보다 비교적 수월하게 재적응할 수도 있다. 외너와 토슌(Öner & Tosün, 1991)이 터키에서 실시한 연구에 따르면, 가장 큰 문제는 그리스 아동들에게 영향을 주는 터키 학교의 교육 제도인 것으로 나타났다.

하치크리스토우와 호프(Hatzichristou & Hopf, 1995)는 그리스 아이들에게 학교 교육 제도도 문제가 되지만 가정 내에서 그리스 언어와 관습을 고수함으로써 강한 그리스의 문화적 정체성을 유지하고 있다는 사실을 알게 되었다. 그러나 그리스 청소년들이 귀국해서는 체류 국가에 있는 동안에 축적된 고국에 대한 부정적인 고정 관념이 오랫동안 남아 있는 경우가 많은 것으로 밝혀졌다(Georgas & Papastylianou, 1994).

새로운 이웃들과의 생활

이민이나 장기 체류를 위해 다른 나라로 이주하거나 자국 내 시골에서 도시로 이주하는 가족은 대부분 문화적으로 이전보다 더 이질적인 이웃과 살아야 한다는 사실을 깨닫게 된다. 이에 따라 동일 문화 구성원들이 서로 도울 필요성이 발생하고 그로 인해 대도시 내에는 특정 소수 민족 거주지가 형성되기도 한다. 차이나타운을 비롯하여 뉴욕과 시카고에 여러 군데 있는 소수 민족 집단 체류 지역이 그 대표적 예이다. 어떤 경우에, 이러한 지역은 현지 국가의 개발 프로그램의 일환으로 시행된 이민 정책에 따라 새로운 이주민들이 대거 몰려들면서 조성되기도 한다.

그러나 대다수의 이민 가족들은 곧 단지 현지 국가의 많은 소수 민족 집단 중 하나인 이웃에 접해 살고 있는 자신들을 발견하게 된다. 이러한 상황이 나타나는 대표적인 지역은 시드니, 토론토, 버밍엄, 런던과 같은 다문화적 도시의 근교이다. 여기서 이민 가족은 현지 국가의 구성원들보다 훨씬 낯설어 보일 수 있는 다른 소수 민족 구성원들과 생활해야 한다. 그러나 이민 가족은 이러한 형태의 문화적 접촉 상황에 아무런 준비가 없었던 것이다. 구유고슬라비아처럼 전쟁으로 나라가 나뉘어 이전에는 동포였으나 지금은 적이 되어버린 사람들 또는 과거에는 적이었는

데 전쟁 이후로 친구가 된 사람들과 이웃하는 경우도 있다. 이처럼 새로운 국가에 정착하는 과정에서는 부모가 가족의 가치관을 자녀에게 전달하고 유지하는 것이 매우 힘들 수 있다.

아동의 가족 상대하기

이 장에서는 다양한 문화적 환경에 있는 가족에게 발생하는 변화를 중점적으로 알아보았다. 확대가족에서 핵가족으로 변화하면서 부모의 역할은 상당히 변했으며 문화적 환경이 바뀜에 따라 가족의 기존 가치관과 규범, 전통적인 권위자가 도전을 받을 수도 있다. 지금부터는 아이들이 이러한 변화에 잘 대처하도록 도와줄 방법과 그 아이들의 가족을 더 잘 이해할 수 있는 방법을 생각해보고자 한다.

새로운 환경으로의 이민, 해외 체류 또는 전쟁에 따른 사망 때문에, 가족 내 전통적 가장의 권위는 없어지고 권위적인 새 인물이 나타나야 할지도 모른다. 이러한 상황에서 부모는 전통적인 지지와 조언의 원천이 사라진 것을 한탄하기보다 자녀에게 안정감을 주기 위해 더 큰 책임을 맡아야 한다.

전문가는 특히 아버지, 어머니, 조부모를 비롯한 기타 나이 많은 친척의 가족 내 역할과 지위를 인지하는 것이 중요하다. 대개 이들 역할은 기본적으로 문화에 의해 결정되지만, 전통적 관습을 따르는 수준은 개별 가족에 따라 다양할 것이다.

가정에서 어머니를 면담하려고 계획할 경우에 전문가는 우선 그 어머니가 기꺼이 혼자 면담하려 하는지, 아니면 다른 사람을 같이 참석시키려 하는지의 여부를 파악해야 한다. 이것은 전문가가 남성이고 면담 부모가 어머니인 경우 또는 전문가가 여성이고 면담 부모가 아버지인 경우에 극히 민감한 사안일 수 있다.

새로운 문화 환경에서는 어머니의 역할이 여러 형태로 변할 수 있다. 만약 어머니의 역할이 그녀 자신의 현대화에 의해 확대되었다면, 그녀 자신과 가족 모두 그녀의 확대된 권한을 인정할지도 모른다. 그러나 역할 변화가 이민이나 배우자 사망으로 인해 어쩔 수 없이 이루어졌다면, 그녀는 기존 역할과 변화된 역할 사이에서 갈등하고 당혹감을 느끼며 문화적 충격을 받을 수도 있다. 이러한 경우, 어머니를 학교 활동에 참여하도록 유도하거나 더 많은 교육, 특히 현지 국가의 언어 습득을 통해 어머니가 신뢰를 얻을 수 있도록 도와주는 것이 어머니와 자녀 모두에게 도움이 될 것이다. 그러나 전문가는 어머니에게 그녀의 문화적 경험이나 기대 중에 없는 것을 요구하거나 그녀가 전문가 자신의 기대에 맞춰 변하기를 바라지 말아야 한다. 또한 고정 관념을 갖는 것을 경계해야 한다.

새로운 문화에서의 직업 또한 어머니의 역할을 확대하는 또 하나의 원천이다. 그러나 어머니의 근로 환경이 매우 열악한 경우에는 항상 역할 확대로 이어지지는 않는다. 예를 들어 가정에서 봉제 일을 하는 많은 사람들은 상당히 낮은 보수를 받으면서 장시간 일하고 다른 사람과의 사회적 접촉이 거의 없을 수 있다.

어머니가 새로운 환경에 적응하도록 도울 때, 어른들에 대한 자녀의 존경심을 훼손하지 않도록 주의해야 한다. 시간의 흐름에 따라 상황은 변하기 마련이며 이는 가족 내에서도 예외가 아님을 자녀의 연령에 맞게 설명해주어야 한다. 또한 부모 스스로가 노력한다면 자녀는 기꺼이 존경심을 보일 것이다. 그렇지 않다면 부모는 자신의 권위를 상실하게 될 것이다.

전문가는 아동이 가족의 문화적 정체성에 대해 자부심을 갖도록 독려해야 한다(5장에서 이 주제에 대해 더 자세히 다루도록 한다).

또한 아동의 문화적 배경에 대해 파악해야 한다. 예를 들어 종교적 금기를 비롯한 다른 금기 사항, 축제와 금식 기간에 대해 알아봐야 한다. 아동의 문화적 금기 사항을 존중하고 아동이 축제 기간에 함께 참여할 수 있도록 장려해야 한다. 라마단 금식 기간은 이슬람교도에게 극히 중요하다. 어린아이들은 금식하지 않지만 큰 아이들은 참석하는 것에 자부심을 갖는다. 이 기간 동안에 아이들이 평상시처럼 출석할 것을 기대해서는 안 된다. 그 기간에는 모든 가족이 함께 모이고 밤에 많은 활동이 이루어지며 해 뜨기 전에 아침 식사를 하기 위해 새벽이 되기 전까지 모두 깨어 있다. 이 기간 동안에 소녀와 성인 여성에게 적용되는 다른 규범이 있는지 또한 확인해봐야 한다.

전문가는 자신의 교육 방식을 아동의 문화적 성향에 맞춰야 한다. 대다수의 문화에서는 직접적인 질의응답 기법을 사용하지 않는다. 따라서 다소 완곡한 방식이 필요할 수도 있다. 이는 아이뿐 아니라 성인에게도 적용될 수 있다.

많은 문화에서 부모는 전문가가 권위를 입증할 만한 무엇인가를 하기를 바란다. 권위주의적이거나 계층적 성향이 강한 가족문화에서는 전문가가 허용적인 태도를 보이는 것이 효과적이지 않을 것이다. 이런 경우에 전문가는 자신이 아이들을 대하는 데 근본적으로 엄격한 규율에 바탕을 둔다는 것을 부모에게 보여줄 필요가 있을지도 모른다.

전문가는 부모와 상호적으로 그리고 문화적으로도 수용 가능한 아동 발달 목표를 선택해야 한다. 기대되는 획기적인 발달 단계에 관해 알아보자. 유아기에 일반적으로 젖을 떼거나 배변 훈련을 하는 시기는 언제인가? 부모는 공부 시간과 여가 시간의 균형에 대해 자녀에게 무엇을 요구하는가? 그 아동은 가족 구성원이 아닌 다른 사람들과 다른 가족 구성원을 얼마나 많이 경험했는가? 그 가족은 자녀가 독립적이기를 원하는가 아니면 의존적이기를 원하는가? 그 문화에서는 자율성 또는 상호 의존성이 성숙한 개인의 표시로 간주되는가?

아동의 다른 가족 구성원과 면담이 필요한 경우에는 문화적으로 수용 가능하고 위압적이지 않은 접근 방식을 이용해야 한다. 많은 문화에서는 직접적인 질문을 피하도록 한다. 따라서 의례적인 말이 오가고 약간의 다과를 먹은 후에야 비로소 해당 사안에 관해 언급하게 될 수도 있다. 그런 다음 관련된 모든 사람의 체면을 유지시킬 수 있는 말로 간접적으로 해당 사안에 관해 논의한다. 이처럼 사전에 해당 가족의 문화에 대해 파악하는 것은 발생할 수 있는 문제를 피하기 위해 필수적인 과정이다.

만약 부모가 전문가와 다른 언어를 사용한다면, 통역자 선정에 신중을 기해야 한다. 특히 아동을 통역자로 이용해서는 안 된다. 대화 내용이 아이의 실제 이해 수준을 넘어설 수도 있는데 이 경우에는 체면이 손상될 뿐만 아니라 정확성도 떨어지게 된다. 또는 자녀가 듣기에는 부적절하다고 여겨지는 지식이 포함될 수도 있으며 이런 경우 부모의 반응에 진정성이 떨어질 것이다. 따라서 되도록 공인 통역 서비스의 도움을 받아야 한다. 그것도 여의치 않다면, 증명된 언어 능력과 도덕성을 갖춘 그 문화의 연장자를 이용하도록 노력해야 한다. 그러나 불행하게도 그 문화 내에 다른 언어를 구사할 수 있는 사람이 없는 경우가 많다.

또한 적절한 언어를 사용해야 한다. 전문가가 쓰는 언어가 많이 익숙하지 않은 사람과 대화할 때에는 속어와 구어체, 관용어구를 피한다. 이런 언어는 표준적인 언어보다 훨씬 이해하기 어렵기 때문이다. 상대방이 원치 않는 허물없는 표현을 쓰지 말고 보다 표준적인 언어를 사용한다면 더욱 편하게 받아들일 수 있을 것이다.

동생이 자신의 형이나 누나의 지위를 침범하지 못하게 해야 한다. 대개 동생은 더 어린 나이에 새로운 나라에 오게 되어 자신의 형과 누나보다 더 빨리 언어를 습득한다. 따라서 전문가와 면담할 때 동생이 형이나 누나에게 면담 내용을 설명해주게 되는 경향이 있다. 이러한 상황은 가족구조와 가족 내 관계를 훼손할 수 있다.

무엇보다도 전문가는 아동의 부모의 문화적 가치관이 자신과 다를 때에도 그것을 존중해야 한다. 그러나 그것을 보이기 위해 부모의 문화적 가치관에 무조건 동의할 필요는 없다. 이러한 동의가 진심이 아니라는 것이 곧 드러나게 될 것이기 때문이다. 그러나 그 가족의 문화와 아동과의 관계, 아동에 대한 가족의 기대를 이해하기 위해 진심으로 노력한다면 그 아동뿐 아니라 다른 가족 구성원들을 대하는 데 많은 도움이 될 것이다.

추천 참고도서

Kağitçibaşi, Ç. 1995. *Family and Human Development across Cultures:*
   A View from the Other Side. New Jersy: Earlbaum.
Storer, D(Ed.). 1985. *Ethnic Family Values in Australia.* Sydney: Prentice
   Hall.

4장
사회적 상호 작용

  거의 모든 문화에서 어린아이는 가족 내 친밀한 관계를 통해 가족 이외의 다른 사람들과 효과적으로 상호 작용하는 기본 기술을 배운다. 젖먹이 시절 어머니와의 최초 접촉에서 시작하여 아이는 눈 응시, 소리, 감촉과 같은 사회적 자극에 반응한다(Keller & Eibl-Eibesfeldt, 1989). 지금까지 이러한 초기 관계에서의 중요성과 서구 문화와 비서구 문화 간의 차이에 대해 연구가 많이 이루어져 왔다(Keller, Schölmerich & Eibl-Eibesfeldt, 1988; Bornstein, 1990a, 1990b 참조). 서구 문화에서 유아는 아주 어린 시절부터 자신의 방에서 혼자 자게 된다. 다른 많은 문화에서 유아는 결코 다른 사람과 떨어져 혼자 지내지 않는다. 아프리카에서는 유아기부터 아이를 엉덩이나 등에 매고 다니며(Munroe & Munroe, 1994; Nsamenang, 1992) 일본에서는 어머니가 항상 아이를 주시한다(Doi, 1981). 또한 많은 시골 마을에서는 어머니나 한 명의 형제가 주로 업고 다니며 다른 많은 사람들도 아이를 교대로 돌본다. 이러한 과정에서 아이들은 자신의 사회적 책임 학습의 중요한 기반과 사회적 관계를 만족시키는 근원으로서 다른 사람들의 존재를 인식하게 된다.

아동의 사회적 범위가 확대됨에 따라 다른 사람들과의 상호 작용 횟수가 증가하여 새로운 관계를 통달하게 된다. 이 장에서는 문화가 어떻게 아동의 사회적 능력 발달에 영향을 미치는지에 초점을 맞출 것이며, 이와 관련하여 특히 아동이 자신과 다른 문화적 배경의 아이들이나 어른들과 어떻게 상호 작용하는지를 중점적으로 다룰 것이다.

전문가의 역할은 아동이 사회적으로 능력 있고 행복하게 성장할 수 있도록 지원하는 것이다. 이는 아동이 보육사와 다른 아이들뿐 아니라 부모와도 좋은 관계를 유지할 수 있도록 도와주어야 함을 의미한다. 다른 사람들의 생활방식과 그들의 신념 및 가치관에 대한 포용력과 이해를 위한 토대는 아주 어린 시절부터 만들어진다. 따라서 자신과 다른 사람들에 대한 배척과 편견적 관념 또한 유년기부터 생길 수 있다. 이처럼 가치관은 어느 날 갑자기 나타나는 것이 아니라 유년기에서 보다 단순한 관계에서부터 형성된다는 것이다.

아동이 다문화 사회에서 자라고 있다면, 다른 사람들과 함께 사는 법을 배우는 과정 역시 다른 문화의 사람들과 어울리는 방식에서 시작해야 한다. 대개 아이들은 다른 사람들과 처음 접촉할 때 상당 부분 자신의 부모와 같은 태도를 보이는데, 부모의 태도는 종종 '~와 놀지 마라, 그 애들은 청결하지 않아' 또는 '품행이 좋지 않아', '그런 말도 안 되는 음식은 먹지 마라', '~(같은 문화적 배경의 아이)와 꼭 함께 지내라' 등의 규칙과 금지의 형태로 자녀에게 표현되곤 한다. 이러한 가르침에는 부모의 두려움과 문화적 가치관이 내재되어 있기 때문에 자녀가 이를 충분히 이해하지 못할 수도 있다. 다만 아이는 자신의 부모가 옳다고 했기 때문에 그것에 따를 뿐이다.

그런데 부모에게서 이러한 가르침을 받은 아이에게 전문가나 다른 어른들이 전혀 다른 방식으로 다른 아이들과 관계를 맺는 것을 기대한다면 그 아이는 상당한 혼란에 빠지게 된다. 이에 대한 한 가지 해결책은 장소와 때에 따라 자신을 통제하는 어른들에게 순종하면서 상황에 맞춰 다르게 행동하는 것이다. 이 경우 아이는 학교에 있을 때는 교칙에 따라 행동하지만 가정에서 생활할 때는 부모의 바람대로 행동할 것이다. 다음 장에서는 이러한 접근 방식이 어떻게 상황적 정체성(situated identity), 즉 사회적 상황에 따라 다른 자아 개념을 형성하는 것으로 이어지는지 살펴볼 것이다(Weinreich, 1986). 이러한 전략은 어른들 간에 상호 작용이 전혀 없고 갈등에 민감하지 않은 아동의 경우에 효과적일 수 있다. 아동의 가치관 발달이 아직 내면화 단계에 이르지 않고 규범의 단계에 머무르고 있는 경우 또한 이런 식으로 반응할 수 있다(Keats, 1981, 1986). 그러나 만약 아동이 어른들의 상충되는 요구를 적절히 조절할 수 없다면, 장기적인 관점에서 이 전략은 효과적인 해결책이 되지 않을 수도 있다. 특히 큰 아이들에게 이러한 상충된 요구는 매우 큰 불안감을 야기할 수 있다. 또한 부모의 기대와 다르게 행동하는 것은 죄책감을 동반해 부모에 대한 기만으로 느낄 수도 있으며 이러한 감정은 부모가 반대하는 배경의 또래들과 어울리고 싶은 청소년의 경우 더 악화될 수 있다. 이 문제에 대해서는 6장에서 더 상세하게 다룰 것이다.

이러한 문제를 해결하기 위해 노력해야 하는 전문가가 우선적으로 해야 할 일은 자신의 태도와 가치관을 점검하는 것이다. 전문가의 태도와 가치관은 말과 말 이외의 모든 방식에 의해 감지하기 어려운 미묘한 형태로 아이들에게 전달될 수 있으며, 그 부모들은 자녀들이 알려주는 내용을 토대로 전문가의 태도와 가치관에 대해 그들 나름대로 판단할 것이다. 그러나 이전 장에서도 강조했듯이, 다른 문화에 대해 충분히 아는 것보다 더 나은 해결책은 없다. 그러나 그 차이의 근원을 이해하는 것이 반드시 맹목적인 수용을 의미하지는 않는다.

사회적 발달에서의 문화적 요소

건강한 모든 어린이들은 모든 사회적 행동이 골고루 발달될 것이다. 유아기에서부터 청소년기까지 많은 변화가 일어나는데 이것은 생물학적 성숙과 사회적 환경의 영향이 결합된 결과이다.

현재까지 서구 문화에서는 아동의 사회적 발달에 대한 연구가 광범위하게 이루어져 왔다. 그 대표적인 이론가로는 피아제(Piaget)와 케이건(Kagan), 셀먼(Selman), 반두라(Bandura), 발지너(Valsiner) 등이 있다(이들의 이론과 연구에 대해 더 상세히 알고자 한다면 이 장 말미에 제시된 추천 참고 도서 목록을 참고하기 바란다). 이들 각 이론가의 기본적인 접근법을 살펴보면, 피아제는 인지 발달에, 케이건은 사회 발달에 초점을 맞추고 있으며, 셀먼은 인지 발달과 사회 발달을 결합시켜 연구하고 있다. 또한 반두라는 사회 학습 이론에 토대를 두며, 발지너는 공동 구성주의 접근법(co-constructivist approach)을 채택하고 있다.

반면 서구 문화에 있는 전문가들에게 비서구 문화의 아동의 사회적 발달에 관해서는 잘 알려져 있지 않다. 그러나 오늘날 다문화 사회의 많은 아이들이 비서구 문화 출신이기 때문에 이들에 대해 수행된 몇몇 연구에 대해 아는 것은 중요하다. 우선 비교문화 심리학에서의 연구와 ISSBD가 수행한 연구에 대해 알아 볼 수 있으며 많은 비서구 국가에서 현지 출신의 심리학자들의 연구도 증가 추세에 있다. 예를 들어 태국(Suvannathat et al., 1985 참조)과 인도(Kakar, 1979; Sinha, 1995 참조)에서 많은 연구가 수행되었으며, 중국에서는 중국 과학원 심리연구소의 발달 그룹(Developmental Group)과 중국 아동발달센터가 많은 연구를 후원했다(예를 들어 중국 아동발달센터, 1993). 일본에서는 가시와기와 아즈마(Kashiwagi & Azuma)의 연구가 특히 두드러지고 터키에서는 카지트치바쉬(Kağitçibaşi)가 이끄는 연구 단체에서 활발한 연구가 이루어지고 있다. 또한 은사메낭(Nsamenang)은 아프리카 아동의 사회적 발달을 소개하고 있다. 그러나 이러한 예는 현재 아동의 사회적 발달에 대해 현지 연구자에 의해 비교문화적 방식으로 이루어지는 많은 연구 중 일부일 뿐이다.

아시아 배경의 아이들이 서구 배경의 아이들보다 대인관계 능력이 더 뛰어난 것으로 나타난 연구가 많다. 스티븐슨과 그 동료들(Stevenson, Azuma & Hakuta, 1986)이 수행한 일본과 중국, 미국 아동 간의 비교문화적 연구와 중국과 호주 아이들 간의 비교문화적 연구(Fang & Keats, 1989; Keats & Fang, 1992, 1996)에서도 공통적으로 미국과 호주 아동보다 일본과 중국 아동이 사회적 관계를 포함한 대인관계 능력이 더 일찍 발달하고 있음을 보여준다. 태국 아동 또한 셀먼(Selman)이 연구한 미국 아동보다 더 일찍 사회적 관점을 인식하는 능력(social perspective-taking skill)이 발달하는 것으로 나타났다. 코르나트와 그 동료들(Kornadt et al., 1992)의 공격성 발달에 대한 연구에서는 독일 아동이 일본과 발리, 아체(수마트라) 문화 출신 아동보다 공격 동기가 더 빠르고 높게 발달한다는 사실을 밝혔다.

이러한 차이가 발생하는 이유는 사회적 발달에서 상호 의존적이고 관계적인 측면이 자아 발달보다 더 중요한 것으로 간주되는 많은 비서구 문화의 집단주의적 성향에서 발견할 수 있을지도 모른다. 반면 서구에서는 바람직한 사회적 발달에서 아동이 개인으로서 사회에서 얼마나 유능한가의 관점에서 개인적 능력의 발달을 더 중시하는 경향이 있다. 따라서 아동 개인의 발달과 적절한 자아 개념의 형성과 유지, 자존감 고취에 주안점을 둔다. 반두라의 사회 학습 이론은 자기 효능감의 발달을 강조하며 아동 발달 목표를 성인으로서의 개인적 자율성에 두고 있다.

중국, 일본, 터키, 인도 등의 집단주의 사회에서 개인은 주요 관심 대상이 아니다. 이러한 사회에서 바람직한 성인은 한 집단의 착실한 구성원으로서 가족 내 상호 간의 의무를 준수하고 다른 사람들과 조화로운 관계를 구축하며 관계를 유지하기 위해 필요한 대인관계 능력을 발달시키는 사람이다(Markus & Kitayama, 1991).

아마 사회적 집단주의 성향을 가장 강하게 보이는 민족은 일본인일 것이다. 일본인의 집단 결속력은 가족 내에서 시작되어 또래집단으로 확대되고 그다음 학교와 대학집단으로 확대되어 최종적으로 비즈니스 집단으로까지 이어진다. 이러한 집단 충성심은 휴일을 함께 지내고 함께 놀며 심지어 집단 결혼식과 신혼여행 등 사회생활의 모든 측면에서의 참여를 요구하기도 한다.

이러한 문화에서 사회적 능력을 학습한다는 것은 집단과 조화롭게 행동하는 법을 아는 것을 의미한다. 따라서 목표, 태도, 가치관이 공동 합의에 따라 발달하게 된다. 일본인들은 종종 특유의 의상과 배지, 집단 결속을 나타내는 다양한 표장을 착용하여 소속 집단을 상징적으로 표현한다.

상호 간에 집단 내 구성원으로 인정하는 사람들은 서로 화합하는 법을 배우는 반면, 집단에 소속되지 않은 사람을 같은 식으로 수용하지는 않을 것이다. 집단 내의 사회적 결속은 개인주의적 문화에서보다 집단주의 문화에서 더 강하다. 개인주의적 문화에서는 집단 간 장벽이 약하기 때문에 집단 구성원이 아닌 다른 사람들과도 쉽게 친밀해지는 경향이 있다. 따라서 전문가는 집단주의 문화적 배경의 아동이 개인주의적 문화 출신의 아이들이나 어른들과 사이좋게 지내는 것이 어려울 수도 있음을 예상할 수 있을 것이다. 그러나 그 아동은 자신의 문화집단 내에서는 불안정성의 징후를 거의 보이지 않을 수도 있다.

모든 문화에서 성 역할의 습득은 사회적 발달의 가장 중요한 측면 중하나이다. 비록 적절한 성 역할 행동에 대한 판단은 문화마다 매우 다르지만, 연구(Williams and Best, 1982)에 따르면 일치하는 것 또한 상당히 많다. 현대 문화와 전통 문화 간의 차이와 동일 문화 내 도시 집단과 시골 집단 간의 차이가 가장 심하다. 전통적 문화에서는 현대적 문화에서보다 성 역할 구별이 더 심하며, 대부분의 문화에서는 시골 사람들이 도시 거주자들보다 더 심하다. 성 역할 구별은 중류층에서 가장 강하게 유지되는 경향이 있으며 이에 비해 부유층 여성은 더 자유롭고 빈곤층 여성은 더 일을 많이 맡는다.

부모는 자녀가 매우 어렸을 때부터 성 역할을 구별하기 시작하며, 임신 기간에도 양수검사를 통해 성별을 확인하지도 않은 채 무조건 자신이 원하는 성의 아이가 태어날 것으로 확신하고 용품을 준비하는 경우도 흔하다. 태어난 자녀가 자신이 바라는 성과 반대 성일 때에도 마치 자신이 원하는 성의 아이인 것처럼 자녀를 다루는 부모의 사례도 많다. 이런 경우, 부모는 남자아이를 여자아이처럼 옷을 입히고 인형을 갖고 놀게 하며 심지어 여자 이름을 지어줄지도 모른다. 남자아이를 원했는데 아기가 여자로 판명된 경우에는 남자아이처럼 옷을 입히고 남자 이름을 지어주면서 남자아이처럼 대할 수도 있다. 이들 사례에서 알 수 있듯이 서구 가족 내에서의 성 구별은 아이들의 옷, 장난감, 방의 가구에서 나타난다. 거의 모든 문화에서 남자아이는 더 활동적이기를 기대하며 일반적으로 여자아이는 동일 사회 내 남자아이보다 실내에서 보내는 시간이 더 많다.

이러한 차이는 아동이 성장함에 따라 지속적으로 이어져 사춘기에 이르면 더 뚜렷해진다. 또한 이 단계에서 문화에 따른 차이가 더 분명하게 나타난다. 대부분의 문화에서, 특히 전통적인 가족에서는 사회적 활동에서 남녀차별을 고수할 것이다. 사춘기 청소년들은 가족 이외의 사회적 접촉, 특히 또래집단과의 접촉에 많은 관심을 보일 가능성이 있다. 이때 반대 성의 또래나 다른 문화 출신의 또래와 어울리는 경향을 보인다면 엄격한 성 역할 기대를 가지고 있는 부모는 자녀가 자신들의 충고를 무시하고 있다고 느낄지도 모른다.

서구 청소년들에 대한 연구에서 종종 드러나는 노골적인 반항은 결속력이 강한 전통적인 집단주의 가족들에서는 매우 드물다. 맥도널드 (McDonald, 1991)는 호주에서 연구한 결과 이러한 전통적인 성향의 가정에서 자란 청소년들은 가정을 떠나는 일이 거의 없다고 보고한다. 이러한 청소년들이 가장 일반적으로 보일 수 있는 반응은 비록 불만을 품기는 하지만 부모의 요구에 따라 또래와의 교제를 제한하고 자신과 동일한 문화의 사람들하고만 어울리는 것이다. 이러한 제한은 가족 내에서 만연된 특정한 편견적 태도를 더욱 강화할 수 있다. 한편 가정 내에서는 순종적으로 행동하지만 가정 밖에 있을 때에는 다른 문화의 사람들과 어울리는 청소년도 있을 것이다.

집단주의적 가족의 청소년이 보일 수 있는 또 하나의 반응은 부모의 가치관보다는 이념적으로 문화와 관련된 행동을 따른다는 것이다. 이러한 청소년은 모든 유형의 극단주의자와 근본주의자 운동에 매료된다. 극단주의자와 근본주의자들은 종교적 신념에 토대를 두기도 하고 경제나 정치 문제에 초점을 맞추기도 한다. 일부 국가에서는 강력한 집단적 동기를 조성하기 위해 이러한 요소들을 결부시키기도 한다. 여러 소수 민족 집단이 있는 사회에서는 다른 문화의 구성원이 이러한 근본주의자의 공격 대상이 되는 경우가 빈번하다.

이러한 청소년들은 카리스마 있는 사람에게 쉽게 빠져 든다. 이런 사람은 청소년의 사회적 발달에 도움이 될 수도 있고 퇴보적인 영향을 미칠 수도 있다. 사실상 청소년에게 강력한 영향력을 행사하는 사람은 이두 가지 영향을 동시에 미치게 되며 청소년의 가치관과 동기형성에 갈등을 일으키고, 이 갈등은 지도자의 요구에 맹목적으로 순종하는 것으로만 극복된다.

사춘기에 이른 소수 민족 집단의 청소년들은 사회에서 받는 소수 민족으로서의 대우에 대해 더 많이 알게 된다. 미국 내 인디언과 호주 원주민의 경우처럼 문화적 차이가 그 지역 특유의 사회적 불리함과 결합되면서 자신의 민족의 불리한 위치에 대해 깨닫게 되고 자존감을 상실할 수 있다(McInerny, 1990). 그 결과 청소년들은 흔히 무기력해지거나 반사회적 행동을 보일 수도 있다.

이러한 청소년들은 고용에 대한 전망이 거의 없고 성인 교육이나 직업 훈련을 통해 자신을 발전시킬 기회가 없는 상황에서 특히 상처받기 쉽다. 학교 성적이 학년이 올라갈수록 저조해지는 경우가 많기 때문에 아이들은 가급적 의무 교육을 마쳐야 하는 나이가 되기 전에 학교를 벗어나려고 한다. 또래집단에서 위안을 얻으려는 일부 청소년들은 자신의 분노를 표출하기 위해 불법적이고 파괴적인 행동을 하거나 약물 중독에 빠지기도 한다.

대부분의 사람이 성공하지 못한 하향 평준화적인 사회 환경에서는 능력과 꿈을 지니고 있는 사람이 자신의 동기들보다 능력이 더 뛰어난 것처럼 보이면 오히려 좌절을 겪을 수도 있다. 이처럼 '특출한 능력을 가진 사람을 잘라내는' 현상은 많은 문화에서 매우 흔하게 나타난다(Feather, 1989). 호주 원주민들은 '잘난 척하고, 튀는 사람'은 또래집단을 벗어나 혼자만 출세하려는 사람으로 여기고 이런 행동은 자신의 근본을 부정하고, 집단적인 그룹의 문화적 가치관을 벗어나려고 하는 것으로 여긴다(Lazarevic, 1992).

개인의 자율보다 집단 내 상호 의존성을 강조하는 사회에서는 집단보다 개인을 강조하는 사회에서보다 다른 사람과의 조화로운 관계를 유지하는 것을 더 중요시하기 마련이다. 행동적 관점에서 이 가치관은 문화마다 다소 다르게 표현될 수 있다. 이러한 가치관은 감정 특히, 분노의 표출을 억제하거나 조절하는 효과가 있으며 의견 차이는 종종 익살스러운 농담으로 가려진다. 이러한 사회에서 조화로운 사회적 관계를 유지하지 못하는 것은 수치스러운 일이기 때문에 그 구성원은 계속해서 자신을 통제하고 자신이 존경하거나 우호적인 관계를 유지하고 싶은 사람들과의 관계에서 자제력을 잃는 상황을 만들지 않기 위해 모든 노력을 기울여야 한다.

'체면을 유지하는 것'과 '체면을 잃는 것'에 대한 중국인들의 개념은 아마 가장 잘 알려져 있을 것이다. 호(Ho, 1974)는 '리엔(lien)'과 '미엔쯔(mien-tzu)' 사이의 중요한 차이에 대해 설명하고 있다. 후(Hu, 1944)가 정의한 바에 의하면 '리엔'은 도덕성에 대한 사회적 신뢰와 관련이 있으며, '리엔'을 상실하게 되면 지역 사회에서 적절하게 기능하는 것이 불가능해진다. '미엔쯔'는 명성과 위신, 성공과 과시와 관련이 있으며, 명망이 높을수록 '미엔쯔'를 유지하는 것은 더 중요하다. 지위에 따라 기대되는 수행 능력이 최소한의 요구수준 이하로 떨어지면 '미엔쯔'를 잃게 된다. '리엔'의 상실은 곧 도덕성의 상실을 의미하며 이는 깊은 수치심을 수반한다. 체면 유지는 다른 사람들에게로 확대되는데 호(Ho, 1974: 248)는 이에 관해 다음과 같이 말한다.

다른 사람의 체면에 대한 존중의 중요성은 중국인의 사회적 교류에서 아무리 강조해도 지나치지 않는다. 상대방의 체면을 손상시키지 않도록 주의하는 것은 단순히 친절함이나 사려 깊음의 문제가 아니다. 그것은 갈등, 더 엄밀하게 말하면 대립을 피할 수 있게 하기도 하고, 반대로 갈등을 야기하는 기능을 하기도 한다. 갈등 회피는 대인관계에서의 조화 유지에 토대를 둔 유교적 사회 모델에서 기원하고 있으며, 중국의 사회적 상호 작용 과정에서의 기본적인 태도이다.

그러나 체면 유지를 토대로 갈등을 다루는 것은 해당 갈등에 대한 진정한 해결 없이 단순히 대립을 회피하는 것으로만 이어질 위험이 내재한다고 호는 지적한다. 즉, 체면 유지가 문제 해결에 우선하기 때문에 갈등이 불거져 나왔을 경우에는 폭력적인 형태로 나타날 가능성이 있다는 것이다. 가문을 수치스럽게 해서는 결코 안 된다는 인식은 중국의 아동 양육 관습에서 아동행동의 억제 수단으로 자주 이용된다(Ho, 1986, 1994).

일본인들에게도 사회적 관계에서 평온을 유지하는 것은 조화로운 사회적 행동에 필수적이다. 아이들은 성숙하고 현명한 성인이 되기 위해 사회적으로 관계를 맺는 법을 아는 것이 반드시 필요하다고 배운다. 개인주의자들을 못마땅하게 여기며 집단에서의 추방은 가장 가혹한 처벌로 인식된다. 또한 중국의 경우처럼 가문에 수치를 안겨주는 것에 대한 두려움은 아동행동에 대한 억제 수단으로 이용된다.

태국의 '그렝자이(Krengjai)'의 개념은 평온과 상대방의 감정에 대한 공감을 강조한다. 체면 유지와 다소 유사한 면에서, '그렝자이'는 상대방의 자존심을 손상시키지 않는 방식으로 행동하는 것을 의미한다. 따라서 서양인이 계속해서 미소를 지으면서 정중하게 행동하는 태국인에게 내재되어 있는 근심을 알아채는 것은 어려울 수 있다. 이러한 대인관계 능력의 훈련은 아주 어린 시절부터 시작되며 이러한 사실은 태국 아동이 미국 아동에 비해 사회적 관점을 수용하는 능력이 더 뛰어나다는 여러 연구 결과에 대한 분명한 설명이 될 수도 있다(Vanindananda, 1985).

자바와 인도네시아에서는 '호르멧(hormat)'과 '루쿤(rukun)', 즉 존중과 조화로운 관계 유지의 가치관을 일찍부터 아이들에게 가르친다. 이들 가치관은 사회적 화합의 유지에 도움을 줄 뿐만 아니라 사회의 계층적 구조를 강화한다(Mulder, 1992a, 1992b).

인도에서 대인관계 능력과 관련한 구체적인 훈육 내용에 대해서는 다소 불분명하지만 앞에서 언급한 문화들처럼 직접적인 말을 피하는 경향은 사회적인 조화를 유지하고자 하는 의도이다(Verma, 1995).

앞에서 살펴보았듯이 각각의 아시아 문화의 공통적인 성향은 집단주의적 그룹 중심과 대립에 직면하는 것을 회피하는 것이라고 할 수 있다. 조화로운 사회관계를 유지하는 것은 상대방의 입장에 대한 존중과 상대방을 이해하는 감정 표현에 달려 있다. 서양인의 솔직하고 분명한 대화 방식은 아시아 문화 사람들의 정교한 대화 방식과 매우 대조적일 수 있다. 아이들은 유년 시절부터 이러한 대화 기술에 대해 배우기 때문에, 청소년기에 이르면 많은 청소년이 이 기술의 기초를 습득하고 일부 청소년은 뛰어난 수준에 이르러 그 규범을 자신의 가치관으로 내재화할 수 있을 것이다.

반면 서구에서는 아동에 대한 훈육에서 이러한 사회적 상호 작용 방식은 그다지 중시하지 않는다. 이전 장에서도 언급되었듯이, 서구 문화에서는 집단보다 개인의 개성을 더 강조하기 때문이다. 아동의 자존감을 키우기 위해 대인관계 능력을 가르치며, 또래들 사이에서 인기가 있으면 사회적으로 유능한 아이로 간주된다.

이렇게 다른 사회적 발달 목표만큼이나 그 달성 과정 또한 문화마다 다양하다. 그러나 대부분의 문화에서 발견할 수 있는 몇몇 공통된 방식이 있다. 우선 역할 모델로부터의 모델링은 널리 활용되는 방법이다. 훈계에 의한 직접적인 훈련, 보상과 처벌, 놀이와 이야기를 통한 상상의 경험을 하게 하는 간접적인 훈련은 대부분의 문화에서 나타나는 방법들이다.

아동의 상호 작용에서 문화적 요소 다루기

다문화 환경에서 전문가가 사회적 상호 작용 문제를 다루는 데 직면하는 문제는 바람직한 사회적 행동에 대한 판단과 관련한 사회적 기대의 다양성에서 연유한다. 어떤 집단에서는 격려받는 행동이 다른 집단에서는 비난의 대상이 되기도 하고, 어떤 문화에서는 칭찬받는 행동이 다른 문화에서는 처벌의 대상이 되기도 한다. 또한 전문가의 가르침과 부모를 비롯한 다른 영향력 있는 사람의 가르침이 서로 상충할 경우 아이들은 당황하고 매우 불안해할 수 있다.

따라서 전문가는 이러한 문제를 피하고 아동의 효과적인 사회적 발달을 촉진하기 위해 아동의 연령, 개인적 능력, 문화적 지식에 따라 다른 접근 방식을 취해야 할 필요가 있다. 앞 장에서 서술한 것처럼 가족 내 아동의 위치와 가족구조, 가족의 가치관을 고려하는 것 또한 중요하다.

부모가 자녀에게 금지하는 행동이 오직 문화적 편견에만 기초하고 있다고 생각해서는 안 된다. '그런 아이들과 어울리지 마라'는 문화나 민족성 이외의 근거를 가지고 있을 수 있다. 따라서 그 금지의 근거를 파악하는 것이 중요할 것이다. 불결하거나 욕설 혹은 좋지 않은 버릇, 가정 내 폭력 또는 종교적 차이와 같이 아이들은 분명하게 이해할 수 없지만 부모 입장에서는 타당한 이유가 있고 아이들에게 설명하기 어려운 이유들 때문일 수도 있다.

또한 전문가는 주류문화와 다른 문화 출신의 아동이 당황하거나 수치심을 느끼지 않도록 종교적 금기 음식을 인정해야 한다. 보육사나 유치원 교사가 부모가 금지한 음식을 먹으라고 하면 예민한 아동은 매우 심한 갈등에 빠질 수 있다. 만약 그 아동이 교사의 말을 따른다면 그 부모들은 분노할 것이며, 아동이 그 음식을 먹지 않는다면 교사는 그 아동에게 답변하기 곤란한 질문을 함으로써 그 아동이 집단에서 따돌림받고 있다고 느끼게 할 수도 있다.

가장 흔한 문제 중 하나는 비이슬람교 학교에서 어린 이슬람교 소녀들에게 몸을 감싸는 옷과 머리에 두르는 스카프를 착용하지 말아야 한다는 규칙을 적용해야 할지의 여부이다. 아마도 부모가 자녀를 다루는 방식을 바꾸려고 시도하지 않는 것이 더 나을 것이다. 되도록 차이를 묵인하고 넘어가고, 다른 아이들이 그에 대해 질문하면 세계 많은 문화에서의 다양한 옷차림을 강조하면서 간단한 말로 설명하는 것이 바람직하다. 옷이 방해가 되거나 아이들 사이에서 많이 눈에 띄는 운동장에서의 집단 활동에서 그 소녀를 제외해서는 안 된다. 많은 나라에서 교복 착용도 문제가 될 수 있으며 이 문제에 대해 학교와 상의해야 할 경우도 있다.

조화로운 사회적 상호 작용의 촉진은 유치원과 탁아기관에서 시작할 수 있다. 대개 어린아이들은 편견 없이 다른 모든 아이와 즐겁게 어울릴 수 있다. 따라서 태도를 점검할 필요가 있는 사람은 바로 전문가 자신이며, 전문가의 태도가 분명해지는 경우는 부모들을 대할 때이다. 전문가는 자신의 비언어적인 메시지뿐만 아니라 말을 통해 부모에게 어떠한 의미가 전달되고 있는지 자문할 필요가 있다.

  아동의 부모를 대할 때 전문가는 자신의 애정과 친근감이 전달되기를 바랄 것이다. 그러나 지나친 친밀감의 표현은 오히려 불쾌감을 줄 수 있기 때문에 의례적인 태도가 오히려 더 나은 경우가 많다. 따라서 그 부모가 속한 문화의 사회적 상호 작용과 관련한 규범을 알아야 한다. 예를 들어 부모가 열렬한 불교도인 경우에는 그 자녀의 머리에 손을 올려서는 안 된다. 불교에서는 머리를 신체에서 가장 신성한 부분으로 보기 때문이다. 이슬람교를 믿는 가족의 경우에는 왼손으로 인사하거나 식사하지 말아야 하며 그 자녀가 다른 문화의 아이들처럼 행동해야 한다고 주장해서는 안 된다.

  사회적인 의사소통에서 부드러움을 매우 중요시하는 중국, 일본, 태국, 인도네시아와 같은 문화 출신의 부모와 대화할 때에는 말의 이면에 있는 의미를 이해하기 위해 노력하는 것이 중요하다. 말한 내용을 액면 그대로 받아들이거나 논의하고자 하는 사안을 단도직입적으로 이야기하려 해서는 안 된다. 관련 사안에 접근하기 전에 적절하게 의례적인 말을 주고받으면서 우호적인 관계를 구축할 시간을 가져야 한다. 논의할 사안이 민감할수록 이러한 태도는 더 중요해진다.

  다른 문화에 대한 지식은 부모가 참여하는 사교적 행사를 통해 촉진할 수 있다. 그러나 아이를 하루 종일 탁아시설에 맡기는 경우는 일반적으로 부모가 모두 직장에 다니기 때문이다. 이런 경우에 낮에 열리는 사교적 행사에 부모들 중 한 명을 참여시키는 것은 불가능하며, 밤에는 부모들이 너무 피곤해할 수도 있다. 결국 적당한 시간을 찾을 수 없게 되더라도 그 부모를 비협조적이라고 비난해서는 안 된다는 것이다.

다른 문화의 음식을 먹어봄으로써 그 문화 사람들을 수용하도록 촉진하는 것은 즐거움을 줄 뿐만 아니라 교육적인 기회를 제공하는 것이 될 수도 있다. 전 세계적으로 누군가의 식탁에서 식사를 한다는 것은 우정과 수용의 표시이다. 유치원과 탁아소에서는 아이들의 식사 시간을 통해 매일 이루어질 수도 있고, 아이들이 자신의 문화 고유의 음식을 가져오는 특별한 날을 정해서 시행할 수도 있다. 이 경우, 종교적 금기 음식을 피하는 것은 비교적 간단하게 행할 수 있는 예방책이다. 각각의 아이들에게 구미가 당기는 다른 문화의 음식들이 많이 있을 것이다. 달콤한 음식은 인기가 있지만 칠리나 마늘을 많이 넣어 양념한 것처럼 맛이 강한 음식은 주의할 필요가 있다. 탁아소를 직접 방문할 수 없는 어머니들은 자신의 문화 고유의 음식을 제공할 수 있어서 매우 기뻐할지도 모른다.

음악은 즐겁고 서로 도움을 주는, 사회적 상호 작용을 촉진할 가능성이 큰 또 하나의 매체이다. 또한 음악은 모든 연령대 사람들의 감성을 자극한다. 거의 모든 나라마다 옛날부터 전래되는 많은 동요가 있으며 다양한 언어로 불리는 전통적인 노래도 많다. 예를 들어, 중국 아이들에게 인기 있는 음악책은 『세계동요 100선(One Hundred Songs from Around the World)』인데, 중국 아이들은 중국어나 외국어로 그 노래를 배운다.

크리스마스 캐럴은 가장 널리 알려진 노래이다. 아이들은 어른에게는 무척 어려운 발음상의 미세한 차이에 개의하지 않고 이러한 노래를 따라 부르며 즐겁게 외국어를 습득한다. 음악은 특히 청소년에 대해 강한 호소력을 지니며 청소년은 유명한 음악 무대를 통해 다른 문화와 접촉할 수 있다. 춤과 드라마 또한 많은 청소년이 부정적으로 반응하는 압력이나 강압적인 지시 없이 수용 가능한 방식으로 문화적 시각을 넓히는 데 이용할 수 있다.

청소년을 다루는 전문가들에게 가장 자주 발생하는 문제는 부모와의 관계와 또래 청소년들과 어울리는 것과 관련된 사회적 상호 작용 문제이다. 부모는 그 문화의 기대에 순응하도록 강요하지만 청소년은 학교 친구나 다른 문화권 출신의 친구들에게 주어지는 것과는 다른 제약에 대해 거부감을 느낄 수 있다. 이 연령대 청소년들에 대한 '그런 아이들과 어울리지 마라'라는 부모의 금지는 다른 의미를 갖는다. 즉, 부모는 '불량 집단'이 자신들이 자녀에게 열심히 가르친 전통적 가치관을 위협할까 봐 두려워하는 것이다. 이러한 두려움의 초점은 특히 성적 행동에 맞춰진다. 여자아이에게 성적 행동과 관련한 나쁜 평판이나 순결의 상실은 가장 두려운 것이기 때문이다. 남녀공학 학교가 주로 이러한 우려의 대상이 된다.

여러 연구에서 부모의 구속이 사실상 본국에서보다 이민 온 나라에서 더 심한 것으로 나타났다(Georgas, 1989; Georgas & Papastylianou, 1994). 연구 결과 호주에서 오랫동안 거주하다 그리스로 돌아온 대다수 그리스인에게서 이러한 사실을 알게 되었다. 이민 가정의 10대 아이가 다른 문화 출신의 또래 아이들과 더 많이 어울리고 그들의 행동과 옷차림을 많이 모방하더라도 그 이민 가정의 중요한 문화적 가치관은 쉽게 변하지 않는 것으로 나타났다. 그리고 이들 가치관이 단순히 맹목적인 전통적 관습이 아니라 확고한 전통적인 도덕적 원칙에 토대를 두는 경우에는 부모는 청소년 자녀가 폭넓은 사회적 상호 작용을 하더라도 거의 두려움을 보이지 않았다.

추천 참고도서

Bandura, A. 1986. *The social Foundations of Thought and Action: A Social-Cognitive Theory.* Englewood Cliffs, NJ: Prentice Hall.

Piaget, J. 1932. *The Moral Judgement of the Child.* London: Routledge & Kegan Paul.

Piaget, J. 1981. *Intelligence and Affectivity: Their Relationship during Child Development*(translated and edited by T. A. Brown & C. E. Kaegi). Palo Alto, CA: Annual Reviews Inc.

Selman, R. L. 1980. *The Growth of Interpersonal Understanding.* New York: Academic Press.

Valsiner, J. 1987. *Culture and the Development of Children's Action: A Cultural-Historical Theory of Developmental Psychology.* Chichester: Wiley.

For many contributions on the work of Kagan, see Skolnick, A. S. 1986. *The Psychology of Human Development.* New York: Harcourt Brace Jovanovich.

5장
문화적 정체성에 대한 개념의 발달

　문화적 정체성이란 자아 개념의 구성 요소이며, 자신의 가족의 과거, 현재, 미래에 대한 인식과 보다 광범위한 문화 환경에서의 자신의 위치에 대한 인식과 관련된 것이다.

　문화적 정체성은 민족적 배경에 뿌리를 두고 있지만 다른 심리적 태도들도 포함하게 된다. 문화적 정체성은 여러 가지 감정을 포함하고 있다는 측면에서 정서적이며, 지각적 단서에 근거해서 유사성과 차이점을 관찰한다는 면에서 지각적이다. 또한 자신의 존재에 대한 개념이라는 측면에서 인지적이다. 자신의 존재에 대해 어떻게 지각하고 있는지는 자존감의 문제이다. 한 성인의 문화적 정체성에 대한 개념은 많은 외적인 압력뿐 아니라 자신의 사고방식 때문에 극도로 복잡해질 수 있다.

　이 장에서는 아이들이 자신의 문화적 정체성의 의미를 알게 되는 과정과 문화적 정체성에 대한 견해를 발달시키는 과정, 또 그 견해가 아이들의 자존감에 미치는 영향에 대해 살펴보고자 한다.

　민족적으로 동질적인 국가에서 성장한 사람에게는 문화적 정체성이 민족적 정체성과 다를 가능성이 거의 없다. 따라서 이 경우 사람들의 사회적 차이는 문화적 요소에 기인한다기보다 사회·경제적 지위, 시골 대 도시 환경, 교육 수준, 개별적 차이 등의 요소에 기인한다. 역사적으로 오래전에 외국의 침략을 받았을 수도 있지만 그 당시에 이주해 온 사람들은 시간이 흐르면서 현지 국가의 사회적 문화적 구조의 일부로 흡수되었다. 이런 환경에서는 자신의 뿌리를 알고 싶어 하는 호기심과, 언어의 기원과 관련된 어원학자들의 학문적 관심, 그리고 마을과 도시, 대도시의 이름에 남아 있는 흔적들로 문화적·민족적 정체성의 차이를 알수 있을 뿐이다.

그러나 여행이나 체류, 이민, 망명 등의 이유로 수많은 사람들이 이주하여 민족적·문화적으로 이질적인 집단을 형성하고 있는 오늘날의 많은 국가에서는 이러한 정체성의 일치는 있을 수 없는 일이다. 또한 이들 이질적인 집단의 아이들에게 민족적 정체성과 문화적 정체성 간에 갈등이 발생할 소지는 단순한 이론적 가능성에 그치지 않을 것이다.

문화적 정체성에 대한 개념 발달과 관련된 문제를 이해하기 위해 먼저 그 개념을 자세히 살펴볼 필요가 있다. 이를 위해 이론적 접근법 두가지가 유용할 것으로 보인다. 첫 번째는 1장에서 소개되었던 토머스(Thomas, 1986)가 수행한 민족적 정체성과 문화적 정체성 간의 구별이고, 두 번째는 웨인리치와 그 동료들(Weinreich, 1986; Weinreich, Kelly & Maja, 1987)이 정립한 것처럼 상황적 정체성들(situated identities)의 이론적 개념화이다.

발달적으로 이러한 개념을 습득하는 것은 아동의 인지 능력 발달과 사회적 압력의 영향하에서 점진적으로 이루어진다. 피아제와 웨일 (Piaget and Weil, 1951)은 인지 발달의 영향을 보여주는 흥미로운 사례 하나를 제시했다. 피아제와 웨일은 제노바 출신의 스위스 아이들에게 외국인의 특성과 고국에 대한 자신들의 생각에 관해 질문했다. 아주 어린 아이들은 한 사람이 동시에 스위스인과 제네바 사람이 될 수 있다는 것을 이해하지 못했지만 11~12세 아이들은 전반적으로 그 개념을 이해했다. '외국인이 된다는 것'의 개념에 관한 질문의 경우, 7~8세 아이들은 자신이 언젠가는 외국인이 될 수 있다는 것을 부인했으며 외국 아이가 자신의 고국을 모르고 태어난다면 그 아이는 스위스를 고국으로 선택할 것이라고 생각했다. 어린이들에게 다른 문화에 대한 실제 지식은 극히 적었으며 특히 어릴수록 의견은 자기중심적이었다.

가족 내 역할 모델들은 일찍부터 아동에게 강한 사회적 영향을 미치지만, 4장에서도 알 수 있듯이 아동이 자람에 따라 역할 모델 대상의 수는 증가하며 이들의 상대적인 영향력 또한 변할 수 있다. 따라서 아동의 사회적 발달, 인지적 발달, 정서적 발달의 모든 측면에서 문화적 정체성에 대한 개념의 발달을 살펴봐야 한다. 4장에서 언급한 발지너(Valsiner, 1995)의 공동 구성주의(co-constructivist) 접근법은 아이와 영향력 있는 다른 사람 간의 친밀한 상호 작용을 고려한다. 아동과 역할 모델 대상은 그 아동의 정신세계를 함께 건설한다. 아동은 말과 말 이외의 방식으로 자신의 문화와 관련된 메시지를 전달받을 수 있는데, 말 못지않게 행동으로도 자주 메시지가 전달된다.

이 장과 1장에서 언급된 것처럼 민족적 정체성에 대한 개념은 유전적 요소와 개인적 요소 모두에 토대를 둔다. 한 민족 집단의 많은 속성은 그 본질적 특성상 문화적이기 때문에 유전적 요소는 종종 무시되기도 한다. 또한 동일 민족 집단 내 문화적 차이도 민족적 요소에 기반한 분류로 인해 종종 무시된다. 토머스(Thomas, 1986)가 뉴질랜드에서 백인(즉, 유럽인) 아이들과 마오리족 아이들을 대상으로 실시한 연구는 이러한 단순히 민족에 기반을 둔 분류를 활용하는 경향으로 인해 중요한 문화적 차이가 간과될 수 있음을 보여준다. 토머스는 지금까지 뉴질랜드에서 수행된 여러 연구에서 흔히 활용된 분류는 '마오리족', '백인', '기타'라고 지적한다. 그러나 토머스는 연구에서 아이들이 동일시할 수 있는 범주를 '백인', '주로 백인', '주로 마오리족', '마오리족'의 네 가지로 구분했다. 이러한 구분은 마오리족 집단에서의 문화적 정체성의 차이에 근거한 것이다. 이를 바탕으로 토머스는 마오리족에 대한 지식을 알아보는 테스트를 시행했다.

총 40문항으로 된 이 테스트는 마오리족의 문화와 언어에 관한 항목들이 포함되었으며 그 결과는 표준 학업성취 시험의 성적 중 수학과 언어성적과 관련이 있었다. 테스트 결과, '백인' 아이들의 점수가 가장 낮았고, 두 번째로 낮은 점수는 '주로 백인' 그룹이었다. '주로 마오리족' 그룹의 점수는 두 번째로 높았고, '마오리족' 그룹 점수가 가장 높았다.

이러한 결과를 마오리족 아이들을 마오리족에 대한 지식 테스트에서 점수가 평균 이상인 아이 그룹과 마오리족 문화에 대한 지식이 거의 없거나 전혀 없는 아이 그룹으로 분류함으로써 학업 능력 점수와 연계했다. 이를 통해 마오리족 문화에 대한 지식에서 점수가 높은 마오리족 아이들이 학업 능력 테스트에서도 높은 점수를 받았다는 사실을 알게 되었다. 토머스는 이러한 결과가 문화와 민족성을 구별하는 것에 대한 필요성을 강조하고 있으며, 문화적으로 마오리족에 속하는 아이들이 학업 능력이 떨어진다는 생각을 반박하고 있다는 결론을 내렸다.

웨인리치(Weinreich, 1986; Weinreich, Kelly & Maja, 1987)는 문화적 정체성을 조사하는 데 다소 다른 접근법을 이용하여 정체성 구조를 개념화하고 측정했다. 웨인리치 이론의 핵심은 사람들은 자신이 처한 문화적 환경에 따라 정체성의 형태가 달라진다는 것이다. 그 한 가지 예로서, 회사에서는 무서운 사장이지만 가정에서는 공처가 남편인 사업가를 들 수 있다. 또한 소수 문화 출신의 사람이 동일 문화의 사람들과 있을 때 다수 문화의 사람이 있는 사회적 환경에서와 다른 방식으로 행동하는 것을 발견할 수 있다. 웨인리치의 접근법은 이러한 행동의 차이에서 알 수 있듯이 사람들은 상황에 따라 자신에 대한 해석 방식이 다르다는 사실을 고려하여 정체성에 대한 복잡한 개념의 여러 측면을 보여준다.

웨인리치는 다른 연구자들이 주장한 것처럼 정체성의 범주화에 대해 알고 있으면서도 사람은 자신의 정체성 형성, 즉 '영향력 있는 다른 사람들, 가족, 사회의 다양한 영역의 사람들과 부분적으로 동일시하는 복잡한 융합 과정'에 적극적으로 참여한다고 주장한다(Weinreich, Kelly & Maja, 1987). 웨인리치는 '공감적 동일시(empathic identification)'와 '이상주의적 동일시(idealistic identification)'를 분명하게 구별하는데, 전자는 '좋다' 또는 '나쁘다'라고 표현할 수 있는 다른 사람들과 공유된 특성에 대한 인지이며, 후자는 존경하는 사람처럼 되고 싶은 바람인 역할 모델 동일시라고 말한다. '이상주의적 동일시'는 또한 '다른 사람으로부터 자신을 분리시키는' '역동일시(contra-identification)'와 대조적이다. '갈등적 동일시(conflict identification)'는 다른 사람과 공감적으로 동일시하면서 동시에 그 사람의 특성에서 분리되고자 하는 마음으로 정의된다.

이러한 정의는 다른 사람과 역동일시를 하면서 동시에 공감적 동일시를 할 수 있음을 암시한다.

다양한 문화적 상황에 따라 이러한 다른 심리적 상태가 나타난다고 해서 여러 가지의 동일시를 하는 사람이 항상 자아 개념이 불안정한 것을 의미하지는 않는다. 사람은 특정 시기에만 자신이 속한 사회적 환경에 타협할 수도 있다. 상황적 정체성은 과거와 현재, 미래를 총망라한 맥락에서 고려되어야 한다. 상황적 정체성이란 사이의 연속선상에서 현재 자신이 처한 상황에서 자신에 대한 태도를 의미하는데 이것은 자신의 해석에 대한 전체의 일부이다(Weinreich, Kelly & Maja, 1987: 322). 따라서 갈등적 동일시는 '비정상적'으로 보일 수 있는 행동으로 이어질 수도 있으며, 어떤 상황에서는 다른 상황에서보다 갈등적 동일시 정도가 더 높을 수도 있다.

웨인리치와 그 동료들은 이러한 개념들을 활용하여 많은 실험적 연구를 수행했으며, 이들 연구에는 많은 청소년과 성인, 다양한 민족 집단과 문화집단이 참여했다. 상황적 정체성에 대한 개념은 웨인리치의 정체성 구조 분석(Identity Structure Analysis)이라는 도구에 의해 분석되었다. 분석을 위해 고안된 이 도구는 레퍼토리 그리드 기법(repertory grid technique: Kelly, 1955)과 유사하다. 이 기법은 자아상과 현재의 자신, 다른 문화적 배경의 사람들과 영향력 있는 다른 사람들('실체들'로 명명됨)과의 관계처럼 다른 사회적 상황에서의 자신 등의 다양한 면에서 '자아'를 표현한다. 또한 개별적(IDEX-IDIO) 데이터와 집단(IDEX-NOM) 데이터를 처리하기 위해 첨단 컴퓨터 프로그램(IDEX)이 개발되었다.

웨인리치와 켈리, 마자(Weinreich, Kelly & Maja, 1987)가 수행한 연구

는 정체성 형성에 문화가 어떤 특정한 역할을 하는지 알아보기 위한 것이다. 이 연구에서는 남아프리카 흑인 청소년들이 사회적 환경 유형 세 가지, 즉 현재(자신들이 타고난 사회 환경), 영국인들과 함께 있을 때, 남아프리카 태생의 백인과 함께 있을 때 나타나는 자아 정체성을 비교했다. 백인과 함께 있을 때 그들은 백인들의 리더십에 대한 공감적 동일시의 경향을 보이는 반면 매우 갈등적이고 취약한 정체성을 보였으며 대부분 정체성 위기를 드러냈다. 이러한 경향은 도시 청소년의 경우에 특히 심했다. 웨인리치와 켈리, 마자(Weinreich, Kelly & Maja, 1987: 332~333)는 다음과 같이 말했다.

> 백인들과 함께 있는 상황에서 그들은 자신의 열망을 충족시킬 영역을 거의 찾지 못할 뿐 아니라 여러 면에서 자신들이 바라지 않는 방식으로 행동한다는 것이 실험 결과 극명하게 나타난다. 이러한 환경에서 그들은 완전히 사기가 떨어져서 자신들이 갈망하는 정체성을 주장할 수 없고 취약한 정체성을 보이게 된다.

영국 사람들과 함께 있을 때는 공감적 동일시가 중간 수준이었지만 남아프리카 태생의 백인들과 함께 있을 때 드러났던 갈등적 정체성은 아니었다. 또한 '타고난 환경'에서는 자신들의 가족, 친구, 민족 집단과 친밀한 공감적 동일시를 보였으며 갈등적이거나 취약한 정체성의 징후는 거의 없었다. 잇따른 정치적 변화로 인해 남아프리카 흑인 청소년들의 이러한 문화적 정체성에 대한 개념이 어떻게 변화되었는지를 조사하는 것은 흥미로운 일이다.

웨인리치의 접근법으로 민족적 정체성과 문화적 정체성을 모두 다룰 수 있고, 문화적 정체성에 대한 인식이 자신들의 '자아' 개념에 원활하게 통합되지 않은 많은 청소년들의 명백하게 모순된 태도와 행동에 대해 설명할 수 있다는 것은 분명한 사실이다. 이러한 청소년들은 현재 자신들이 처한 여러 문화적 상황에서 서로 다른 행동을 요구할 때 위 사례에서 보인 아프리카 청소년들의 경우와 유사한 취약한 상황적 정체성 상태를 경험할 가능성이 있음을 예상해볼 수 있다. 웨인리치의 접근법은 일종의 실험적 방법으로서 성인들이나 9세 정도의 어린아이들에게도 적용할 수 있다. 실질적인 항목은 특정 상황과 연구 대상에 맞게 수정할 수 있다.

아동의 문화적 정체성 발달이라고 표현하지는 않았지만 마쿠스와 기타야마(Markus & Kitayama, 1991)가 독립적 자아 해석과 상호 의존적 자아 해석 간의 비교분석 과정에서 보인 차이도 이와 관련이 있다. 마쿠스와 기타야마는 아동이 주로 독립성보다 상호 의존성을 강조하는 문화에서 성장했는지의 여부에 따라 자아 해석의 인지적 요소, 태도적 요소, 정서적 요소가 어떻게 영향을 받는지를 보여준다. 이 연구를 토대로 상호 의존적인 자아 해석을 하는 아동은 문화적 정체성에서 독립적 자아 해석을 발달시키도록 양육받은 아동보다 동일 문화집단 구성원과의 상호 의존적 관계에 의해 더 많은 영향을 받을 것으로 생각할 수 있다.

웨인리치와 마쿠스, 기타야마의 분석은 모두 자아 해석에 대한 개념화가 아동이 문화적 정체성에 대한 개념을 발달시키는 과정에 어떻게 관련되는지의 문제를 직접적으로 다루고 있지는 않다. 아동의 문화적 정체성에 대한 개념이 자아 해석의 일부가 되는 시기는 언제인가? 아이들은 자신과 같다고 느끼는 공감적 동일시, 동일시하고 싶은 대상과의 이상주의적 동일시, 현재의 자신과 동일시하고 싶은 대상 간에 차이가 있는 갈등적 동일시에 대해 어떻게 알게 되는가? 아이들은 왜 사람들이 자신의 문화적 정체성을 자신이 행동하는 방식과 다르게 해석하도록 상황에 따라 달리 행동하는가? 아이들이 이러한 차이를 인지하게 되는 시기는 언제인가?

이러한 의문과 이와 유사한 의문을 다룬 많은 연구가 북미 아동, 주로 미국 내 흑인 아동, 멕시코계 미국인 아동 및 백인 아동과 캐나다 내 인디언 원주민 아동과 백인 아동을 대상으로 이루어졌다. 이들 연구에서 사용된 가장 잘 알려진 방법은 피부색과 민족적 특성이 대조적인 인형을 활용하는 방법이다. 이 방법은 클라크(Clark and Clark, 1939; 1947)가 맨 먼저 활용했으며 이후 다른 문화집단들을 대상으로 한 연구에서 많이 이용되었다. 연구에 참여한 아이들은 '어느 것이 가장 괜찮은가? 어느 것이 가장 마음에 드는가?' 등의 질문을 받는다. 이들 연구에서 흑인 아이들은 백인 인형을 선호했으며 심지어 그 인형과 동일시하기도 하고 흑인 인형은 '형편없고' 백인 인형은 '아주 괜찮다'고 말하는 것이 자주 관찰되었다.

그러나 이들 연구에서는 연구자들이 자아 개념의 발달뿐 아니라 편견적 태도의 발달과 관련된 민족성과 문화적 정체성을 구별하지 않았다. 정체성과 관련된 질문들은 '어느 인형이 자신과 더 닮았는가?'라는 질문에 거의 포함된 것처럼 보였다. 4세의 아이들은 자주 실수를 했지만 8세 이상의 아이들은 실수를 거의 하지 않았다. 민족적 태도의 발달 연구에 대한 종합적인 검토에서 아보우드와 스케리(Aboud and Skerry,

1984)는 여러 연구결과가 마구 뒤섞여 있다는 사실을 발견했다. 또한 아
보우드와 스케리는 이 방법에는 예증할 수 있는 타당성과 신뢰성이 결
여되어 있다고 혹평했다. 인형들은 각각의 민족집단을 적절하게 표현
하고 있지 않으며 강요된 선택 반응은 너무 단순해서 아이의 태도의 강
도에 따라 발생할 수 있는 다양성을 허용하지 않고 있다는 것이다. 또한
어린아이에게 인형은 매우 많은 의미를 지니기 때문에 인형보다 사진의
활용을 권장하기도 했다.

블루, 코렌블룸과 애니스(Blue, Corenblum and Annis, 1987)는 인디언
원주민 아동과 캐나다 백인 아동을 대상으로 한 서로 연관된 연구 두 건
에서 인형 대신에 민족적 특성이 잘 드러난 사진을 이용했다. 첫 번째
연구에서는 83명의 인디언 원주민 유치원생과 인디언 학교 초등 1학년
생들을 표본으로 추출했다. 두 번째 연구에서는 첫 번째 연구 표본인 83
명을 포함하여 유치원, 1학년, 2학년, 4학년에서 추출된 총 230명의 아
동으로 표본이 확대되었다. 그 방법에서도 일부가 변경되었다. 두 번째
연구에서 인디언 원주민 아이들은 매니토바에 있는 격리된 인디언 보호
구역에서 선정되었으며 원어민이 인디언 말로 테스트를 실시했다. 인
종적 선호도와 정확히 명칭하기와 자기 동일시가 측정되었고 웩슬러의
아동용 지능 검사 점수와 건강에 대해서도 조사했다.

첫 번째 연구에서 인디언 원주민 아이들은 선호도 질문에서 사진상
의 백인 아이들에 대한 강한 선입견을 보이면서 이전 연구에서 흑인 아
이들이 보였던 것과 같은 방식으로 행동했다. 그러나 이러한 선입관은
두 번째 연구에서 아이들이 자신들의 언어로 테스트를 받았을 때에는
그렇게 뚜렷하게 나타나지 않았다.

두 번째 연구에서는 발달적 측면이 더 분명하게 드러났다. 테스트 결과, 사진상의 백인 또는 원주민 아동에 대한 구분의 정확성에서는 나이가 많을수록 정확했지만 선호도나 자기 동일시에서는 그렇지 않았다. 인종 선호도 질문에 대한 답변에서 80% 이상 백인 아이를 선택했다. 흥미로운 결과는 백인 아이를 자신과 닮은 아이로 선택한 것이 75%였다는 것이다. 사진상의 백인 아이를 정확하게 식별하고 구분할 수 있었음에도 이를 자신들에게 적용하지 않았다는 것이다. 또한 자기 동일시의 정확성과 선호도에 2학년과 4학년 남자아이들과 여자아이들 간에 차이가 발견되었다. 남자아이들은 동일시에 더 정확하고 원주민 아이의 사진을 더 선호하는 경향을 보였으며, 남자아이들보다 여자아이들이 동일시와 선호도가 일치하지 않는 경우가 더 많았다.

20문항 질문 테스트(20 Statements Test)의 아동판 또한 이러한 연구에 활용된 또 다른 방법이다. 이 테스트에서 아동은 각각 '나는'으로 시작하는 20개 문장을 작성해야 한다. 이 방법은 큰 아이들에게 적합하지만 반응이 제한되는 경향이 있다. 또한 문화에 따라 자신의 감정을 드러내는 정도가 다르기 때문에 그 답변은 문화적 성향에 따라 차이가 있을 수 있다.

러더포드(Rutherford, 1993)는 태국과 호주 아동의 문화적 정체성에 대한 개념 발달 연구에서 조각 그림 맞추기를 자극제로 이용했다. 아이들에게 그림 조각을 보여주고 그 조각들을 모아서 하나의 얼굴을 만들도록 했다. 그 조각들은 피부와 머리의 색깔, 눈의 색깔과 형태가 다양했다. 실수 없이 맞추었을 경우 완성된 얼굴은 외모상 유럽인이나 아시아인이 될 수 있었다. 연구에 참여한 아이들의 나이는 5세, 9세, 11세였다. 가장 나이가 어린 아이는 일관성 있는 조합으로 조각들을 제대로 맞출 수 없었지만 나이가 많은 아이들은 실수 없이 자신이 어떻게 해야 하는지 이해했다.

또 하나의 접근법은 문화적 정체성에 대한 개념 발달을 가치관 발달의 한 측면으로 간주하는 것이다(Keats, 1981, 1986). 아동의 이해력은 나이에 따라 높아지기 때문에 나이가 많은 아동은 자신의 정체성과 그 정체성이 자신의 문화에 얼마나 깊이 내재되어 있는지 더 잘 이해한다. 그러나 아이들의 사고는 완전한 형태를 갖춘 것이 아니며 그 사고의 발달은 아동의 성장에 관여하는 다른 사람들의 태도에 영향을 받는다.

연구자에 따라 채택하는 접근법이 다르긴 하지만 이들 연구에서 분명하게 나타나는 몇몇 특징은 아동이 자신과 다른 사람들의 문화적 정체성에 대한 개념을 어떻게 발달시키는가 하는 것을 이해하는 데 상당히 적합한 것이라는 사실이다. 그러나 불행하게도 '민족적', '문화적', '인종적'이라는 용어를 어떻게 사용했는지에 대한 명확한 정의가 결여되어 있으므로 연구결과를 해석할 때 심중으로 헤아려야 하는 경우가 종종 있다.

아보우드와 스케리(Aboud and Skerry, 1984)는 문화적 정체성에 대한 개념 발달과도 일부 연관성이 있는 민족적 태도에 대한 3단계의 발달단계를 제안했다. 첫 번째 단계에서 아동은 주로 자기 동일시와 자기 평가에 관심을 갖는다. 다른 집단 구성원들을 민족적 관점에서 구별하는 것이 아니라 단지 자기 자신과 다른 존재로서 식별한다. 두 번째 단계에서 아동은 주로 한 집단의 구성원이 되는 데 관심을 가지며 다른 집단 구성원은 단지 다른 집단에 속한 존재로서 본다. 집단 간 차이점과 유사성 그리고 다른 집단 구성원들에게 반응하는 방식을 결정하는 사회적 규칙을 강조한다. 세 번째 단계에서는 다시 자신과 개인을 강조하지만 아동의 시각은 더 분화되어 다른 사람에 대해 집단 구성원으로서보다는 개인에 근거하여 반응한다. 아보우드와 스케리는 모든 사람들이 다 세 번째 단계에 이를 수 있는 것은 아니라고 설명한다.

이러한 구별하는 능력이 발달하는 과정은 민족을 대하는 편견적 태도가 생길 수 있는지의 여부를 결정하는 핵심 과정으로 보인다. 발달은 정서적 구별에서 시작해서 지각적 구별로 그리고 인지적 구별로 변화된다. 보다 덜 편견적인 태도란 정서적 구별보다는 지각적 구별과 인지적 구별을 더 강조하는 태도를 취하는 것이다. 또한 이 과정은 키츠(Keats, 1981, 1986)가 제시했듯이 가치관의 발달과 일치했다.

아동 다루기

지금까지 모든 사안은 다소 추상적으로 제시되었다. 이제 전문가가 실질적으로 고려해야 할 사항을 알아보자. 전문가의 임무는 아동이 자신의 문화적 정체성과 관련하여 발달시키는 개념을 아동에게 도움이 되는 방향으로 육성하고, 아동의 향후 발달과 성인으로서의 사회-문화적 역할에 대한 확고한 토대를 제공할 수 있도록 연구자의 생각을 활용하는 법을 찾는 것이다. 이 시점에서 자신의 문화적 정체성에 대한 아동의 인식이 자존감에 어떤 영향을 미치는지 알아보고자 한다.

웨인리치(Weinreich)와 켈리(Kelly), 마자(Maja)의 상황적 정체성에 대한 견해에서 어린아이뿐 아니라 청소년과 성인에게도 적용이 가능한 한 가지 개념을 얻을 수 있다. 웨인리치와 켈리, 마자의 견해를 토대로 아동이 다양한 사회적 환경에서 얼마나 다르게 행동할 수 있는지 알 수 있지만 이것이 자기 동일시에서 반드시 갈등을 야기한다고 판단할 수는 없다. 한편 청소년기에는 공감적 동일시와 이상주의적 동일시 간의 차이가 더 뚜렷해지며 이는 역동일시와 갈등적 동일시로 이어질 수도 있다. 우리는 소수 문화적 배경의 아동에게 어떻게 이런 과정들이 진행되는지 또 역동일시와 갈등적 동일시가 어떻게 자존감을 저하시키는지 알 수 있었다.

상황에 따른 정체성의 변화는 아동과 부모가 어떤 방식으로 자신의 문화적 정체성을 인식하게 되는지를 포함한다. 부모는 주로 또는 오직 소수 문화 배경에서 파생된 상황적 정체성을 이용할지도 모른다. 반면 청소년 아들이나 딸의 상황적 정체성은 소수 문화 내 또래집단과 학교라는 또 다른 사회적 환경에서부터 파생된다. 아프리카 흑인 고등학생들에 대한 웨인리치와 켈리, 마자의 연구는 이러한 사실을 분명하게 보여준다.

소수 민족의 아동이 가족 구성원들과 결혼, 사교 모임, 교회 참석 등의 자신의 민족집단 활동에 참여할 때, 그 아동의 지배적인 상황적 정체성은 자신의 민족집단의 문화적 정체성과 공존할 수 있을 것이다. 그러나 다수 민족의 구성원들과 있을 때에는 그 아동의 정체성은 공감적 또는 이상주의적 동일시와 같은 다른 동일시에 의해 영향을 받은 문화적 정체성에게 자리를 내줄 것이다.

다시 말해서 아동이 다수 민족에 완전히 수용되지 않은 경우에는 그 상황이 하나의 갈등적 동일시가 될 수 있다. 즉, 그 아동은 다른 집단의 구성원들과 공감적으로 동일시하려는 욕구와 그들로부터 분리되려는 하는 바람을 동시에 가지게 된다는 것이다. 이에 더해 부모 또한 이런 갈등적 정체성의 감정을 경험할 수 있는데 이때 부모는 자녀에게 말이나 행동으로 모순된 메시지를 전달한다.

이러한 동일시의 감정이 문화적 규범과 가치관, 행동에 적용될 때, 자존감에 영향을 미칠 가능성은 매우 크다. 또한 공감적 동일시와 이상주의적 동일시 간의 차이가 클 경우에 아동은 상대방의 문화적 규범 및 가치관과 관련이 있는 갈등적 동일시를 어느 정도 조절하기 위해 노력해야 한다. 대부분의 아이들은 이를 조절하지만 어느 한쪽의 영향력 있는 다른 사람들의 기대를 충족시킬 수 없기 때문에 자존감을 상실하는 아이들도 있다.

이러한 문제를 다루는 데에서 전문가가 취해야 하는 첫 번째 조치는 아동과 주위 사람들이 그 아동의 문화적 근본을 받아들이도록 독려하는 것이다. 이것은 그 아동의 부모에 대한 더 많은 존중을 표현하는 것이 될 수도 있다. 또한 문화에 내재된 긍정적인 특성을 강조하는 방식으로 아동이 문화적 전통에 대한 자부심을 갖도록 격려할 수도 있다.

다른 경험들 때문에 아동은 자신의 문화적 정체성에 대해 부모와 다른 생각을 가질 가능성이 매우 높다. 그러나 대부분의 문화에서 부모는 아이들에게 가장 영향력 있는 존재이기 때문에 부모의 문화에 대한 자부심의 상실은 자존감을 위협할 가능성이 있다. 그러나 모든 부모가 애정이 많고 자녀에게 도움이 되는 것은 아니며 부모가 적절한 정서적 지원을 하지 못하는 것이 부모의 문화적 가치관 때문이라고 여겨서도 안 된다. 따라서 아동이 이러한 해로운 상황을 피할 수 있도록 도와주는 것이 필요할 수도 있다.

이 문제는 다음의 가설적 사례를 통해 설명할 수 있다. 사회적으로 불리한 소수 민족 출신의 12세 소녀의 아버지는 벌금을 내지 못했기 때문에 경범죄로 감옥에 간힌다. 어머니 또한 알코올 중독으로 인한 공격적인 성향으로 보호 감금되며 결국 소녀는 집에서 쫓겨나 어떤 상황에 놓이게 된다. 그런데 그곳의 동거인이 대부분 소녀와 같은 민족의 사람들이다. 이 경우에 소녀는 같은 민족 출신의 사람들에게는 희망이 거의 없다고 결론을 내리고 자신의 상황에 대해 부모보다 그 문화를 비난하게 된다. 학교 친구들이 더 이상 자신을 아는 체하지 않고 학업을 유지할 수 없음을 깨닫게 되면 소녀는 곧 깊은 절망에 빠진다. 이와 같은 상황에서 나타나는 일반적인 반응은 '내가 만약 ……였다면, 이런 일이 나에게 일어나지 않았을 텐데'이다.

민족성과 문화적 정체성 간의 차이를 유념하고 민족성을 토대로 문화적 배경에 대해 고정 관념이 섞인 판단은 하지 말아야 한다. 피부색과 얼굴 특성은 민족성의 지표로 자주 이용되지만, 문화적 정체성 측면에서는 신뢰할 수 없는 지표이다. 특히 옷차림과 같은 외적 특성을 토대로 판단하지 말아야 한다. 이름 역시 오해의 소지가 있다.

성장기에 있는 아동이 자신의 문화적 정체성에 대해 충분히 인식하게 되는 것은 인지 능력의 발달과 사회적 경험의 확대를 통한 점진적인 과정임을 명심해야 한다. 어린아이들이 자신 또는 다른 사람들의 민족적 또는 문화적 정체성에 대해 완전히 이해할 것이라고 기대해서는 안된다. 아동이 개인 간 그리고 문화 간의 차이가 있다는 것을 이해하고 수용할 수 있도록 도와주기 위해 노력해야 한다. 그리고 같은 문화의 구성원들 간에도 많은 차이가 있을 수 있다.

상황적 정체성에 대한 개념은 아동이 스트레스가 되는 갈등적 동일시를 피하도록 도와주는 데 매우 유용할 수 있다. 복잡한 문화적 정체성이 반드시 갈등을 야기하는 것은 아니며, 그 복합성 때문에 더 흥미로운 것으로 보일 수도 있다. 아동 전문가가 문화적 정체성에 대해 이러한 관점을 갖는다면 성장기 아동에게도 이런 유용한 개념의 발달을 촉진하는 데 도움을 줌으로써 아동이 스스로의 가치에 대해 긍정적인 생각을 갖도록 할 수 있을 것이다.

추천 참고도서

George, D. M. & Hoppe, R. A. 1979. "Racial identification, preference, and self-concept." *Journal of Cross-Cultural Psychology*, 10, pp.85~100.

Phinney, J. S., DuPoint, S., Epinosa, C., Revill, J. & Sanders, K. 1994. "Ethnic identity and American identification among ethnic minority youths." In A. -M. Bouvy, F. J. R., van de Vijner, P., Boski & P. Schmiz (Eds), *Journeys in Cross-Cultural Psychology*. Amsterdam: Swets & Zeitlinger, pp.167~183.

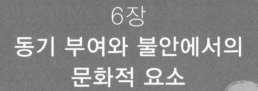

6장
동기 부여와 불안에서의
문화적 요소

거의 모든 아이들은 때로 걱정을 한다. 이전 장에서는 가족의 기대와 또래나 영향력 있는 주위 사람들의 요구가 이러한 걱정 형성에 어떻게 영향을 미치는지 살펴보았다.

이에 더해 한편으로는 아동 자신의 기질적 영향과 다른 한편으로는 아동의 문화적 정체성에 대한 개념이 생기면서 복잡한 아동의 사회 심리학적 세계가 형성되고 또 이를 다룰 수 있게 되는 것이다. 어떤 문화에서건 부모, 학교, 친구들의 경쟁적인 요구에 반응하기 위해 노력함으로써 대부분의 아이들은 불안한 마음을 갖게 되며, 새로운 또는 다른 문화 환경에 처한 경우에도 민감한 아이의 경우 불안 심리가 커질 것이라고 예상할 수 있다.

이러한 불안한 상황이 해결되지 않을 경우, 아동의 발달은 여러 면에서 부정적인 영향을 받는다. 그러나 이는 갈등과 불안이 전적으로 안 좋은 영향을 준다는 의미는 아니다. 사회적 성장과 인지적 성장 모두 다음 단계 달성을 위해 갈등적 해결이 어느 정도 필요한 것이 사실이다. 불안이 커진다는 것은 아동이 자신의 능력으로 갈등을 극복할 수 없는 상황이기 때문이다. 이것은 문제를 해결하기 위한 동기나 인지 능력이 부족한 것이 아니라 아동이 해결할 수 있는 문제가 아닌 경우이다. 이것은 갈등의 근원이 개인적인 요인보다 문화적 요인에 있다. 문화적 요인이 문제의 근원이라는 사실을 아동이 인지할 수도 있고 인지하지 못할 수도 있지만, 만약 아동이 그러한 사실을 인지한다면 자신이 그 문화적 요소를 바꿀 수 없음을 깨닫게 되면서 생기는 좌절로 인해 불안이 생기고 커지게 된다는 것이다.

어른들에게 아이들의 걱정거리 중 일부는 사소한 것으로 보일 수도 있다. 그러나 어떠한 문제라도 해결하기를 원하지만 그럴 능력이나 방법이 없는 당사자에게는 사소하게 생각되지 않는다. 따라서 문제의 중요성을 축소하려 하거나 아동의 걱정을 무시해버리는 어른은 아동의 불안을 심화시키기만 할 것이다. 아동이 걱정과 불안을 인지하고 표현하는 것에 대해 사회적으로 허용하는 정도가 문화에 따라 다르다는 것 또한 문제이다.

그럼에도 자라는 아이들에게 보편적인 것으로 보이는 몇몇 문제가 있다. 비록 비교문화적 방법으로 이루어진 연구는 거의 없지만 청소년의 근심과 불안에 대한 연구가 많은 문화에서 수행되었다. 청소년의 문제 인식과 대처 전략에 대한 연구가 17개국에서 광범위하게 시행되었다. 이 연구에서 깁슨과 그 동료들(Gibson et al., 1991)은 호주, 브라질, 캐나다, 그리스, 홍콩, 인도, 이스라엘, 일본, 쿠웨이트, 네덜란드, 필리핀, 푸에르토리코, 러시아, 탄자니아, 터키, 미국, 베네수엘라에서 선정한 청소년들과 청년기 성인들에게 개방형 질문지에 응답하게 했다. 이 연구 참가자들은 처한 사회적 조건에 따라 세 그룹, 즉 '사회적으로 유리함', '사회적으로 불리함', '불리함/극도의 빈곤'으로 분류되었다. 그중 러시아인들은 세 개 범주로 분류하는 작업이 어려웠기 때문에 별도로 다루었다. 그리고 '극도의 빈곤'에 대해서는 나라에 따라 현지의 문화적 차이와 '사회적으로 불리함'의 분포에 따라 조정한 다음 측정하는 것을 허용했다.

언급된 문제들은 응답 결과에 대한 종합적인 분석을 통해 극도의 빈곤, 전쟁, 대재난, 물질적 욕구, 가족 문제, 학교 교육 문제, 개인의 정체성과 자아 개념, 성 생활, 구혼 및 데이트, 대인관계 및 사회화 문제, 정서 및 감정, 자기 충족, 애타주의의 13개 범주로 구분되었다.

나이와 사회적 불리함의 수준에서 차이가 있었고 문제 인식에서도 많은 차이가 발견되었다. 총 3,000명이 넘는 청소년과 젊은 성인 표본에서 가족, 학교 교육, 개인의 정체성·자아 개념 문제는 응답자의 70% 이상과 대부분의 국가에서 가장 많이 언급되었다. 반면 전쟁, 대재난, 자기 충족은 가장 적게 다루어졌다. 가족 범주에서는 가정 내 다툼, 학교 교육 범주에서는 학업 성적 문제가 가장 많이 지적되었다. 또 개인의 정체성·자아 개념 범주에서 가장 많이 언급된 것은 성장과 자신감에 관한 문제였다.

러시아 응답자들은 애타주의의 높은 순위와는 별도로 극도로 불리한 빈곤 그룹이 다른 두 개 그룹인 유리한 그룹과 불리한 그룹과 비교하여 큰 차이를 보였다. 극도로 불리한 그룹의 경우, 물질적 문제와 극도의 빈곤 문제가 가장 높았고 가족, 학교 교육, 개인의 정체성·자아 개념 문제가 그다음으로 높았다. 반면 다른 두 개 그룹은 물질적 문제와 극도의 빈곤의 순위가 높지 않았다. 정서와 감정에 관한 걱정은 극도로 불리한 그룹에서는 높지 않았지만 다른 그룹에서는 중간 수준이었다. 전쟁과 대재난에 대한 순위는 모든 그룹에서 공통적으로 낮게 나타났다.

대처 전략에서 개인적 문제 해결이 모든 집단에서 가장 빈번하게 나타났다. 문제 인식보다 이들 문제에 대한 대처가 범주의 순위에서 각 그룹별 차이가 훨씬 적었다.

성별에 따른 차이를 보이는 범주는 극소수였으며, 그 차이 또한 기껏해야 3위 범위 내였다. 물질적 욕구는 유리한 그룹에서 남성의 경우 6위, 여성의 경우 9위였으며, 구혼·데이트 범주에서는 러시아 여성의 경우 7위, 러시아 남성의 경우 10위였고, 유리한 집단에서는 여성의 경우 5위, 남성의 경우 8위였다.

국가들 간의 차이는 특정 범주에서 나타났다. 예를 들어 러시아인들은 애타주의 문제를 가장 많이 언급했지만 극도의 빈곤은 문제로 인식하지 않았다. 일본인들은 학교 교육의 순위가 매우 높았지만 가족 문제는 순위가 낮았다. 홍콩인들의 응답은 일본인들의 경우와 유사했다. 물질적 욕구를 가장 많이 언급한 국가는 필리핀인들이며, 탄자니아인들이 그다음으로 많았다. 탄자니아와 베네수엘라는 빈곤의 순위가 가장 높았으며, 탄자니아는 성 생활의 순위도 가장 높았다. 호주인과 미국인들은 학교 교육 문제를 비교적 많이 언급했지만 이들 두 나라의 경우 민족적 구분은 거의 나타나지 않았다.

대처 전략에 대한 응답을 분석한 결과, 확신의 모색·제공(seek/give assurance), 대인관계적 전략, 개인적 문제 해결, 스트레스 관리, 울기, 종교적 반응, 단념, 문제 회피, 반사회적 반응 등 9개 범주로 분류할 수 있었다. 문제에 대한 언급에서보다 이들 범주의 순위에서 차이가 훨씬 적었다. 네 개 그룹 모두 개인적 문제 해결이 가장 많았으며 확신의 모색·제공, 대인관계적 전략, 문제 회피가 그 뒤를 이었다. 반사회적 반응, 울기, 종교적 반응에 대한 언급은 가장 적었다. 그룹 간에 유일하게 눈에 띄는 차이는 확신의 모색·제공에 대한 러시아인 그룹의 낮은 빈도인데, 다른 그룹에서는 2위와 3위인 데 비해 6위에 올랐다. 전반적으로 연구에 참여한 젊은이들 간의 놀라운 일치 수준을 보여주는 결과였다.

방법론에 상당히 신중을 기했지만 자료가 워낙 방대하기 때문에 이들 순위가 완전히 타당하지 않을 수도 있다. 또한 포괄적인 범주 설정의 필요성 때문에 각각의 범주는 모순된 구성 요소를 포함하고 있는 경우도 있다. 그러한 예로 다른 사람에게 도움을 요청하거나 도움을 주는 것 중 어느 한쪽을 암시할 수 있는 확신의 모색·제공 범주를 들 수 있다. 가족 문제 범주 또한 매우 범위가 넓다. 다른 하나는 문제 해결을 위한 대처 전략인데, 대처 전략에 따라 답변 방식들이 매우 다양해질 수 있다. 또 문화마다 답변에 다르게 영향을 미칠 수도 있는 사회적 응답 편향의 문제도 있다.

전문가는 반사회적 대처 전략을 이용하는 대다수 사람들이 자신의 반사회적 행동을 인정하거나 연구에 참여하는 데 동의할 것이라는 기대를 거의 하지 않을 것이다. 연구에 참여한 모든 사람 중에 아주 정직하게 답변하는 비율이 높지 않을 수도 있다. 그러나 연구는 계속될 것이며 추가 연구가 이러한 이례적인 사항과 관련된 문제를 해결할 수 있을지도 모른다.

나이가 어릴수록 자신이 속한 문화에서 보이는 반응과 다른 반응을 보였다. 따라서 같은 문화 내에서도 여러 연구를 토대로 연구결과가 도출되어야 할 필요가 있다.

다문화 사회 또는 다양한 소수 민족이 있는 국가들에서 나온 몇 가지 증거가 있다. 예를 들어 말레이시아 내 말레이 아동과 중국 아동 간의 몇몇 차이를 보여주는 치암(Chiam, 1984)의 여러 연구에서, 말레이 아동의 근심 중 일부는 그 내용보다는 정도에서 중국 아동과 다르다는 사실을 알 수 있다. 싱가포르에서는 특히 중국 아동에게 학교 교육 문제와 관련한 불안이 높다는 증거가 매우 많다. 그 이유는 대부분 시험 제도와 학교와 기술학교를 비롯한 기타 집단에 들어가는 것과 관련한 제도 때문인 것으로 추정할 수 있다. 이 문제와 관련한 불안은 고등학교 수준에서 더 뚜렷해졌다(Crystal et al., 1994).

일본에서 수행된 연구(Kashiwagi, 1986) 또한 깁슨과 그 동료들(Gibson et al., 1991)의 연구결과에서와 마찬가지로 학교 교육 문제에 관한 불안이 높다는 것을 뒷받침한다. 싱가포르처럼, 이러한 불안은 매우 일찍 시작되는데 그 이유는 선발 시험 제도와 초등학교에까지 영향을 미치고 생활방식과 향후 직업까지 결정할 수 있는 대학들의 수준 차이 때문인 것으로 짐작된다. 또 증가하는 실업률로 인해 이제 더 이상 안정적인 종신 직장이 보장되지 않기 때문에 상황이 더욱 악화되고 있다는 것이다.

상당히 많은 국가에서 싱가포르인, 중국인, 일본인 아동과 청소년은 오랫동안 유지된 소수 민족으로서나 체류자, 유학생의 신분으로 지내고 있다. 이 젊은이들의 공통된 문화적 전통은 학업을 상당히 중요시하는 것이다. 학업은 자신의 사회적 지위를 개선시킬 수 있는 방법으로 생각되고 있다. 그러나 아동의 시각에서 보면 좋은 학업 성적은 자신의 부모를 기쁘게 하는 가장 직접적이고 만족스러운 방법이다. 전통적으로 중국과 일본 문화에서는 모든 아동은 공부를 잘할 수 있다고 본다. 성공적인 학업은 아동 자신에게만큼이나 가족에게 명예를 안겨준다. 따라서 가족을 기쁘게 할 수 있다는 기대는 가장 큰 학습 동기가 되며, 성공적인 학업을 달성하지 못할 것이라는 전망은 가장 큰 불안의 근원이 될 수 있다. 성공적인 학업을 달성하지 못하는 것은 아동 자신에게 수치심을 안겨줄 뿐 아니라 가족 전체의 체면을 손상시킨다는 인식 때문이다.

부모를 기쁘게 하려는 욕구는 아이들의 도덕적 행동과 사회적 행동에 대한 강력한 통제력을 발휘한다. 4장에서, 체면의 의미와 아동 행동에 대한 통제 수단으로서 수치심을 이용하는 데 부모가 실망하면 중국 아동의 불안이 어떻게 심화될 수 있는지를 알 수 있었다. 이는 학업 성적뿐 아니라 사회적 관계와 대인관계에도 적용되고 대부분의 경우에 부모를 기쁘게 하려는 욕구는 엄격한 도덕적 통제의 수단으로 작용한다.

부모를 기쁘게 하려는 동기를 가지는 어린이들의 또 다른 면으로는 부모를 보호하기 위해 노력하는 경우를 들 수 있다. 부모에 대한 과도한 걱정은 아동에게 높은 불안을 야기할 수 있다. 특히 부모를 기쁘게 하려는 노력이 성공적이지 못했을 때 더욱 그렇다. 부모가 질병에 시달리고 있거나 이민자인 경우에는 새로운 환경에 적응하는 데 어려움을 겪거나 미숙한 언어 때문에 당황하고 고통을 받고 있을지 모른다. 어린 아동은 불안의 이유를 알지 못할 수도 있다. 그러나 청소년은 문제를 고통스럽게 인지할 수도 있고 그것을 겉으로 드러내지 못하기 때문에 더욱 힘들

어하게 된다.

이전 장에서 언급되었듯이, 아동은 자신의 문화적 정체성을 이해하기 시작함과 동시에 부모가 자신에게 바라는 모습과 자신이 생각하는 문화적 자아가 동일하지 않음을 알게 된다. 따라서 부모와 조부모가 자신들 세대의 문화 규범과 학교 친구들이나 지역의 이웃 친구들처럼 행동하도록 하는 규범을 제시하고 이 둘을 동시에 따르도록 강하게 압박한다면 아동은 상당한 혼란에 빠질 수도 있다.

이러한 상황에서 아동은 자신이 하는 모든 행동은 잘못된 것이라고 생각할지도 모른다. 그에 따라 아동은 무기력해지고 또래의 조롱에 대한 두려움으로 부모에게 반항하게 된다. 이러한 행동은 아동에게 죄책감을 느끼게 하고 부모를 화나게 함으로써 종종 더 엄격한 규율과 벌을 내리게 하지만 이는 문제를 더욱 악화시킬 뿐이다.

4장에서 보았듯이, 대다수의 문화에서는 소녀들의 성적 교양과 순결에 특히 관심을 가진다. 사춘기 소년 소녀들의 교제를 금지하는 경우, 그 가족이 이성 간의 교제를 더 허용하는 문화로 이주할 경우에 많은 불안을 야기할 수 있다. 남자아이와 여자아이 간의 데이트는 전통적인 힌두교도와 이슬람교도 가족에게는 절대 허용되지 않는다. 많은 문화에서 남녀가 같이 참석하는 파티는 엄격하게 감독되며 남녀 간 교제는 거의 없을 수도 있다. 성에 대한 지식의 부족은 특히 이러한 전통적 배경의 소녀들의 상황 대처 능력을 취약하게 만들 수 있다. 또한 드물게 원치 않은 임신과 같은 일이 발생했을 경우에는 이성 간의 교제를 더 허용하는 문화에서보다 훨씬 더 경멸을 많이 받게 된다. 남자아이들은 성적 발달에서 더 많은 격려를 받는 반면 여자아이는 편안하고 우호적인 방식으로 남자아이들과 사회적 관계를 갖는 능력을 갖추지 못하는 경우가 많다.

불리한 소수 민족 출신의 아동은 자신의 문화적 정체성을 이해하게 되면서 자신의 문화가 사회의 다른 사람들에게 존중받지 못하고 있음을 깨닫게 될 수도 있다. 이러한 편견과 차별을 느끼는 것은 매우 괴로운 일일 수 있다. 특히 갑자기 이런 모든 상황을 깨닫게 되었을 때는 더욱 그렇다. 주류문화의 아이들이 자신의 부모나 지배적인 문화적 관점의 태도를 취할 때는 종종 소수 민족 아이들은 배척당하게 된다.

이러한 상황에서, 소수 민족의 아동은 어떤 반응을 보일 것인가? 아동은 아래에 열거된 것처럼 공격, 무관심, 부인에서부터 경쟁 동기 강화에 이르는 반응을 보일 수 있다.

● 비관적 체념과 성공 의지 상실

'나는 결코 성공하지 못할 거야. 그런데 노력해봐야 무슨 소용인 거지?'

● 직접 또는 간접적 보복 행위

마음속으로 복수를 다짐하거나 담장을 부수기, 페인트로 낙서하기 등 박해자로 보이는 사람과 관련된 물건에 대한 공격 또는 죄 없는 희생자에 대해 이성을 잃은 듯한 파괴적 행동이나 공격적 행동을 보임.

● 자신의 문화에 대한 거부

다수 민족 문화의 규범과 방식 등을 취하고 자신의 문화의 모든 것을 거부함.

● 부인

'나는 그들과 정말 똑같아. 우리들 사이에 어떠한 차이도 없어'라고 생각하며 차이를 보지 않으려 하거나 분명한 차이를 인정하지 않으려 함.

● 자신의 문화와 비현실적이며 이상주의적인 동일시

자신의 문화의 장점을 과장하고 결점은 모두 부인할 수도 있으며 자신의 문화의 역사를 전반적으로 미화함.

● 성취동기 강화

'그들에게 내가 할 수 있고 오히려 그들보다 더 나을 수 있다는 것을 보여줄 거야'라고 생각함.

● 이동

전문 분야를 바꿈. 학업을 그만두거나 기존 직장을 떠나 다른 분야에 종사할 수도 있고 유랑곡예단처럼 일반적으로 그다지 존중받지 못하는 분야라 하더라도 자신의 문화에서는 대표적인 스포츠에 도전할 수도 있음.

이러한 전략들 중 아동이 어떤 것을 선택할지는 부모와 가족 구성원, 또래집단, 그 아동과 가족을 다루는 전문가의 지원에 달려 있다. 또한 아동 또는 청소년이 자신과 동일한 문화적 배경의 대규모 단체의 일원인지 또는 아닌지와 관련이 있다. 만약 인원이 충분하다면 불리한 소수민족 출신의 10대 무리는 쉽게 형성될 수 있을 것이다. 이 경우 상기 반응 중 단순히 한 가지 반응을 보이기보다는 각각의 반응을 다양한 비중으로 결합하거나 때에 따라 하나의 반응에서 다른 반응으로 불안정하게 이동할 수 있다. 이때 아동이 문제를 처리하는 과정에서 발생하는 상당한 수준의 불안을 예상해볼 수 있다.

예를 들어 만약 한 아동이 높은 성취동기를 가지고 시작해도 실제로는 그렇게 할 수 없다는 것을 깨닫게 되면 비관적 체념에 빠지고 뒤이은 보복 행위가 이루어질 수도 있다. 그러나 이 대처 전략은 다른 사람보다 더 뛰어나다거나 부모를 기쁘게 하는 두 가지 목표를 달성할 수 없기 때문에 아동의 상황이 개선되지 않는다. 만약 아동이 다수의 문화가 아니라 자신이 속한 문화에서 인정한 분야로 성공적으로 이동한다면 아동의 자존감은 높아질 수 있지만, 아동이 그만둔 분야에 대한 자격은 사실상 감소되어 아동에 대한 적대감이 커질 수도 있다.

　모든 문화에서 개인적인 불안을 자유롭게 표현하도록 격려하는 것은 아니다. 일본, 중국, 태국 문화의 경우처럼 조화로운 사회적 관계를 유지하며 대인관계 능력을 강조하는 곳에서는 외적인 평온한 모습이 요구되며, 이러한 문화에서는 말로든 얼굴 표정으로든 아동의 감정을 확실하게 알 수 없을 것이다. 영국 문화에서도 '감정을 드러내지 않는 태도'는 여전히 많은 사람들에 의해 존중되고 있으며 '소년은 울지 않는다'는 것은 여전히 남성이 감정을 쉽게 드러내는 것을 억제하게 하기 위해 이용된다. 이와 대조적으로 라틴과 서인도, 아프리카계 미국인 문화에서는 감정 표현이 즉각적이다. 어린아이는 자신의 감정적 기복을 울음, 떼부리기, 보육사에게 달라붙기로 표현할 수 있다. 전문가는 감정 표현이 적은 아동의 감정적 스트레스를 발견하지 못할 수도 있다. 그러나 격렬하게 감정을 표현하는 아동의 강한 요구에 대해 반응하지 못하는 전문가들은 거의 없을 것이다.

　많은 일반적인 아이들은 때때로 선명하고 섬뜩한 두려움에 시달린다. 대부분의 경우에 이러한 두려움은 문화적 토대를 가지고 있다. 도깨비와 마녀, 장난꾸러기 아이를 잡아갈 수도 있는 나쁜 사람들은 많은 문화에서 훈육을 위한 위협의 소재로 사용된다. 전쟁과 난민 수용소를 경험한 아동, 가족과 함께 고국에서 도망치는 위험한 여행을 한 아동, 교통사고를 당하고 자연재해를 입었거나 가까운 친척이 사망한 아동은 모두 반복되는 두려움에 상처 입기 쉽다. 이들 경험 중 상당수는 완전히 치유되지 않는 정신적인 상처를 남긴다. 따라서 높은 수준의 불안을 보이는 아동은 특별한 보살핌이 필요하다. 그러나 이 주제는 이 책의 범위에서 벗어나므로 생략하도록 한다.

아동 행동에 대한 통제 수단으로서 도깨비와 같은 소재를 이용하는 대다수 나라에서 모든 아동이 공통적으로 지나친 두려움에 시달리는 것은 아니다. 이는 아동이 내재된 죄책감에 시달릴 필요 없이 행동만 바꾸면 되기 때문이다.

아동이 경험하는 또 하나의 흔한 두려움은 크고 힘센 다른 아이들의 협박과 같은 신체적 위협에서 야기된다. 다소 위험이 내재되어 있는 낯설고 새로운 경험을 하는 것 또한 두려움의 근원이 된다. 예를 들어 바다에서 처음으로 수영하는 아동의 경우에 해안가에서 성장하지 않은 아동은 상당한 공포심을 느끼게 될 수도 있다.

아동의 불안 다루기

아동의 불안을 다루는 데 전문가가 가장 먼저 해야 하는 중요한 일은 아이들이 불안을 느끼는 대상을 파악하는 것이다. 아동의 행동은 무엇을 보여주며 무엇을 숨기고 있는가? 다음으로 해야 할 일은 이와 관련하여 무엇을 할 것인가이다.

우선 불안의 근원이 아동의 부모, 또래 또는 권위적 인물과의 관계인지, 아동의 성취동기와 아동 자신과 부모의 기대를 충족시키지 못한 데 따른 것인지, 아동에 대한 다른 사람들의 반응에 반영된 아동 개인의 기질적 성향인지, 소수 민족 지위에 내포된 의미를 깨닫게 됨으로 인해 발생된 내적 갈등인지 또는 합리적 또는 비합리적 두려움인지 등을 알아볼 수 있다. 그런 다음 아동을 건전한 성장으로 이끌 수 있는 다양한 방법으로 아동의 불안을 극복하도록 도와주는 복잡한 일을 어디서 어떻게 시작해야 하는가를 결정해야 한다. 여기서 실질적인 문제는 아동의 행동과 태도를 바꾸려고 시도할 것인가이다.

태도의 변화는 여러 방식으로 이루어질 수 있다. 켈먼(Kelman, 1961)은 행동을 강압적으로 변화시켜도 그 새로운 행동과 관련된 태도가 내향화할 수 있다는 것을 최초로 보여주었다. 행동 변화는 순응의 단계를 거쳐 새로운 행동과 그와 관련된 사항들을 동일시하면서 동일시의 단계에서 새로운 행동을 수용하게 된다. 그런 다음 새로운 행동을 옳은 것으로 간주하게 되는 내향화 단계로 이어진다. 이 과정은 영향력 있는 다른 사람들이 강제한 규범을 수용하고 그 규범을 올바른 신념이나 행동으로 내향화하는 가치관 발달에서의 단계 전환과 유사하다.

이 접근법은 반두라(Bandura, 1986)의 인지적 행동주의 사회 학습 이론과 완전히 동일하지는 않지만 상당히 비슷한 점이 발견된다. 반두라의 접근법에서는 자기 효능감의 획득이 강조된다. 모델링은 자기 효능감의 발달을 촉진하는 데 필수적인 요소이다. 부모와 영향력 있는 다른 어른의 태도와 행동은 그러한 모델의 주요 원천이 된다. 그런데 부모와 다른 어른들이 제공한 강력한 모델들이 서로 다를 때는 아동 불안의 원인이 될 수 있다.

어린 아동일수록 행동적 방법이 더 효과적일 수 있다는 것은 분명하다. 그러나 청소년들에게는 인지적인 측면이 더 영향을 끼친다. 청소년들의 불안은 상당 부분 실패에 대한 두려움과 또래집단에 수용되지 못할 경우 생기는 끔찍한 상실감을 상상하는 과정에서 발생한다. 또한 불안한 상태에서는 이러한 비참한 결과들은 쉽게 과장되어 나타날 수도 있다.

아동의 자아 가치감의 발달을 도와주기 위한 지지적 행동 또한 필요하다. 아동에게 자신이 수용되고 있음을 느끼게 해주는 따뜻하고 애정어린 관계는 모든 문화의 아동에게 중요하게 작용한다. 이러한 관계는 어린 아동의 경우에 못지않게 청소년에게도 필요하며 이질적인 문화 환경에 있는 자신을 인지하게 된 아동의 경우에게는 더욱 필요하다.

아동이 겪는 불안의 징후는 연령, 성별, 문화에 따라 다양할 것이다. 전문가는 아동이 하는 다음의 행동 중 한 가지를 알아챌 수도 있다. 특히 그 행동이 그 아동의 일상적인 기질적 성향이 아닐 경우에 더욱 그렇다.

- 새로운 것을 시도하기를 꺼려함.
- 그 일이 새로운 것이 아닌 경우에도 도전적인 일을 감당하기를 꺼려함.
- 위험을 감수하는 것에 대한 전반적인 두려움.
- 머리와 옷차림에 시간을 낭비함.
- 손톱을 물어뜯음.
- 어떤 장소에서 몸을 앞뒤좌우로 흔듦.
- 테이블 밑에서 다리나 발을 강박적으로 움직임.

- 종이를 잘게 찢음.

- 식욕을 상실함.

- 상황이 나빠질 때 과식함.

- 야뇨증이 있거나 배변 조절이 안 됨.

- 사소한 일에 울음을 터트림.

- 사소한 문제에 대해 예기치 않은 반항을 보임.

- 음악을 크게 틀어놓고 어른들이 못 들어오게 방문을 잠금.

- 부모의 부름에 반응하지 않음.

- 공상에 잠겨 오랜 시간 동안 아무것도 하지 않음.

- 장시간 맡은 일에 매달리지만 결국 완료하지 못함.

- 결과에 절대 만족하지 않음.

- 맡은 일에 끝까지 전념하지 못함.

- 연령에 맞는 수면시간보다 더 많이 잠.

- 너무 단정함.

- 너무 청결함.

- 너무 착함.

- 신체적 긴장도가 낮음.

- 친구, 특히 또래 친구가 없음.

- 눈 맞춤을 장려하는 문화에서 다른 사람들의 눈을 피함.

- 눈을 정면으로 마주치는 것을 지양하는 문화에서 상대방을 똑바로 쳐다봄.

- 자신의 문화와 다른 문화 사이에서 갈등하지만 어느 쪽으로도 완전히 수용되지 못함.

- 쾌락적 자극, 마약, 흡연, 음주를 추구함.
- 특히 부모 말을 듣지 않음.
- 부모를 지나치게 걱정함.

지원 가능한 전략

만약 아동이 가족 구성원들과 문제가 있다면 우선 가족 내에서 영향력이 가장 큰 구성원을 파악할 필요가 있다. 이 경우 이용 가능한 전략은 가족 구성원들의 역할에 따라 만들어지게 된다.

우선 아동이 부모를 기쁘게 할 수 있는 다른 방법을 찾아보자. 열심히 노력하고 있지만 아동이 부모의 기대에 미치지 못하고 있다면 부모에게 자녀의 능력과 관심이 부모의 기대와 다를 수도 있다는 것을 인정하도록 도와주는 것이 필요할 수도 있다.

갈등을 효과적으로 다루기 위해서는 아동의 연령에 따라 가치관 발달 모델과 관련된 면을 활용할 수도 있다. 청소년의 경우에는 부모 세대의 가치관과 문화적 가치관을 존중하면서 자신의 가치관과 '다름을 인정'할 수 있도록 도와주고, 어린 아동의 경우에는 환경에 따라 적용되는 규범이 달라질 수 있음을 이해하도록 도와준다.

종교적 신념과 그에 따른 행동적 제약과 관련된 불안과 관련되었을 때, 개인적 신념이나 훈련, 직업윤리에서 기원한 전문가의 신념이 아동의 신념과 다른 경우, 스스로 깊이 간직했던 확신과 타협하는 것은 매우 힘든 일일 것이다. 이 경우에 아동을 변화시키는 것은 매우 어렵다. 변화는 자신의 사고에서부터 시작되며 아동이 기존의 관습과 신념에 회의를 품으면 높은 수준의 불안이 나타난다는 것은 분명하기 때문이다.

전문가는 아동이 다른 신념들 또한 높은 도덕적 가치를 지니고 있고 또한 존중될 수 있음을 이해하도록 도울 수 있다. 죄책감 때문에 이러한 의문이 억눌러지기보다는 직접적으로 제시하고 해결되도록 격려해야 한다. 이것은 전통적인 종교적 신념을 거부할 경우 극단적인 결과로 이어지기도 하는 문화적 환경에서 살아가는 많은 청소년에게 중요한 문제이다.

학교 교육과 관련된 문제는 학교 공부보다 성취동기 상실 때문일 수도 있다. 이 경우에는 우선 그 문제가 실제로 아동이 제기한 것인지의 여부를 확인해야 한다. 청소년은 자신의 불안의 원인을 학교 교육 문제로 제시할 수도 있지만, 더 깊이 파고들면 저조한 학업 성적은 사실상 사회적 또는 성적으로 관련된 문제에 따른 결과이거나 자신의 불안감을 사회적으로 용납 가능한 방식으로 표현한 것으로 밝혀질 수도 있다.

아동의 능력에 비해 학업 성적이 저조하거나 변동이 심한 것은 학업 기술이 떨어지는 것을 의미한다. 따라서 저조한 학업 성적의 원인을 불안으로 단정하기 전에 우선 교사나 학교 상담사에게 이를 확인해야 한다. 그 아동은 영어 보충 교습과 같은 특별한 도움이 필요할지도 모른다. 아동과 동일한 소수 집단 출신의 멘토를 활용하면 불리한 문화적 배경의 아동에게 도움이 되는 모델을 제공할 수 있을 것이다.

불안한 아동이 높은 학업 성취동기를 보이는 것을 폄하하기보다는 아동에게 보다 넓은 영역의 관심을 독려하고 문제를 해결할 수 있는 더 나은 방법과 부모를 기쁘게 할 다른 많은 방법을 보여줄 필요가 있다. 또한 아동이 가정에서 공부하는 시간을 효율적으로 짜고 주의 산만으로 인한 시간 낭비를 줄일 수 있도록 도와준다.

사회적 문제와 대인관계 문제는 큰 아이나 청소년에게서 더 뚜렷하게 나타날 수 있지만 어린아이에게도 일어날 수 있다. 이 경우 먼저 아동의 친구들이 동일한 문화 출신인지 또는 다른 문화 출신인지를 확인하고, 그 아동을 거부하는 아이와 그가 그렇게 행동하는 이유를 파악해야 한다. 관계에 대한 아동 자신의 해석이 아동이 생각하는 것만큼 정확하지 않을 수도 있지만 이는 다른 사람들의 태도에서 나타나는 아동 자신의 불안정성을 보여주는 것이다.

전통적 문화 출신의 이민 가정 2세 청소년, 특히 소녀들은 다른 문화 출신의 또래와 달리 자신에게 가해지는 사회적 제약을 거부하는 경우가 많다. 이러한 문제를 다룰 경우에는 아동에게 우호적인 상황에서 다른 문화의 아이들과 어울리도록 격려하고 지원하며 여러 활동에 부모와 학교, 지역 사회 청소년 집단의 참여를 유도해야 한다.

다른 또래 아이들과 어울리는 데 어려움을 겪는 것은 또래 아이들이 속한 문화의 사회적 규범을 모르기 때문일 수도 있다. 이 경우 아동을 도와주는 것은 비교적 간단할 수 있는데, 예를 들면 눈을 더 많이 마주친다거나 다른 아이들이 불쾌하지 않게 도시락을 준비하는 것 등이 있다.

만약 아동이 더 심각한 편견의 대상이라면 이 아동을 돕기 위해서는 해당 아동뿐 아니라 다른 사람들의 협조가 필요하다. 만약 가해자 중 영향력 있는 한 아이에게 그 희생자 아동을 보호하도록 설득할 수 있다면 그 아이는 충실한 협조자가 될 뿐만 아니라 희생자 아동에 대한 편견적 공격들을 감소시키는 데 유력한 중재자 역할을 할 수 있다. 만약 사회적 어려움이 그 아동 자신이 상황을 잘못 인식해 생긴 것이라면 그 아동의 행동을 바꾸도록 도와줌으로써 문제를 극복할 수 있다. 이때 단순하고 구체적인 단계에서 시작하고 각 단계의 결과를 평가할 때 아동이 인지적으로 이해할 수 있도록 도와주어야 한다. 또한 더 복잡한 문제를 다루기 전에 반드시 아동이 성공에 대한 만족을 경험할 수 있도록 한다.

더 심각한 사회적 문제의 경우에는 심리학자와 상담사의 전문적인 도움을 충분히 받을 수도 있다.

아동이 불리한 소수 민족 출신이거나 가지고 있는 문화적 전통이 복합적인 경우에는 문화적 정체성과 관련한 문제가 일어날 가능성이 가장 크다. 이 경우에는 아동이 자신의 문화적 배경과 민족적 배경에 대해 정확히 이해하고 자부심을 갖도록 격려해야 한다. 이는 아동의 부모 중 한 명이 다른 한쪽 부모의 문화에서는 평판이 그다지 좋지 않은 문화 출신인 경우 특히 중요하다. 이러한 상황에서 아동은 자신의 문화적 정체성에 양쪽 문화를 모두 포함시켜야 하기 때문에 이중으로 고통을 받는다. 어느 한쪽 부모의 문화를 부인하는 것은 비생산적이며 수용하는 것 또한 힘들 수 있다.

아동이 자신의 문화적 기원에 대해 알아보도록 독려해야 한다. 모든 문화는 시간이 지남에 따라 변하기 마련이며 비록 과거 방식 중 현재에 맞지 않는 것도 있지만 대다수의 전통적 문화는 나라마다 다른 방식으로 표현되는 보편적인 인간의 가치를 기반으로 유지되어 왔음을 이해할 수 있도록 도와주어야 한다.

또한 아동의 문화에서 우수한 모델을 찾아내고 격려하자. 이러한 모델은 그 문화의 문학, 스포츠, 예술, 음악 분야에서 업적을 남기거나 지역 사회 발전에 대한 공헌한 사람 중에서 선정해본다. 모델의 선택은 아동의 연령, 성별, 개인적 관심사에 따라 달라질 수 있을 것이다.

이 장에서는 주로 평범한 환경에서 자라고 있는 일반적인 아이들에게 발생하는 문화적으로 관련된 불안과 근심에 대해 집중적으로 다루었다. 그러나 매우 심각한 문제나 자연재해, 전쟁과 기아, 생명을 위협하는 질병과 성폭행 또는 기타 공격적인 행위로 인해 고통받았던 아이들의 정신적 충격에 따른 영향에 대해서는 다루지 않았다. 이에 대해 보다 상세하게 알고자 한다면 필리핀에서 전쟁과 정치적 싸움에 희생된 아동들을 대상으로 한 아렐라노 - 카렌당(Arellano-Carendang, 1987)의 연구를 참고하기를 권한다. 만약 아동이 도움을 주려는 노력에 대해 반응하지 않거나 문제 행동이 장기간 지속된 것이라면 특수 전문가의 도움을 찾아야 한다.

그러나 심각한 빈곤에서 살아남고도 회복되기 힘들고 영구적인 상처를 입은 것처럼은 보이지 않는 아이가 많이 있다. 이 아이들은 회복이 빠른 생존자이다. 이 아이들은 자신의 결단력과 풍부한 재치를 토대로 대부분의 사람들이 이겨낼 수 없을 것 같은 어려움을 극복한다. 보통의 아이들의 근심과 불안을 다룰 때 전문가는 때때로 이러한 아이들을 떠올릴 수도 있다. 전문가는 그 아동의 배경을 알기 전까지 그런 사실조차 모를 수도 있지만 정기적으로 상담을 받은 아이 중에서도 이런 아이가 있을 것이다.

전문가는 성공적으로 살아남은 이런 아이들에게서 많은 것을 배울 수 있다. 많은 문화에서 어려움을 극복하고 눈앞에 닥친 문제에 맞서 스스로 해결책을 찾으면서 더 훌륭하게 성장한 어린이들의 능력은 전문가에게 큰 감동을 주고 있다.

추천 참고도서

Pedersen, P. B., Draguns, J. G., Lonner, W. J. & Trimble, J. E. (Eds)., 1989.
Counseling Across Cultures, 3rd edn. Honolulu: University of Hawaii
Press. Chapters on foreign students, Asian-Americans, Hispanic and
Native American Indians will be useful.

McInerney, D. M. 1990. "The determinants of motivation for urban Aboriginal
students: a cross-cultural analsis." *Journal of Cross-Cultural Psychology*,
21, pp.474~495.

Kashiwagi, K. 1986. "Personality development of adolescents." In H. Stevenson,
H. Azuma & K. Hakuta(Eds), *Child Development and Education in
Japan*. New York: Freeman, pp.177~185.

7장
다문화적 상호 작용과 문화적 변화

이전 장에서는 아동과 어른 그리고 아동과 다른 아이들 사이에 일어나는 다문화적 상호 작용 과정에서 발생할 수 있는 많은 문제를 제시하고, 이러한 아동을 다루는 전문가를 지원하기 위해 이 문제를 해결하기 위한 몇몇 방법을 제안했다. 이와 같은 분석을 토대로 볼 때 다문화적 환경에서 자라는 아동이 단일문화 배경의 아동보다 더 어려움을 많이 겪는 것은 분명한 사실로 보인다. 하지만 다양한 문화를 직접 경험하는 것은 책이나 텔레비전, 영화를 통한 간접적인 느낌과는 비교가 되지 않는 풍부한 자원이 될 수 있다. 게다가 다른 문화 출신의 아이들과 그들의 부모를 만난 것은 아동뿐 아니라 전문가에게도 소중한 경험이 될 수 있다.

그러나 우리는 어떤 문제가 가지고 있는 해가 되는 영향과 그 경험으로 인해 생길 수 있는 발전적인 영향 사이에 존재하는 긴장을 직시하지 않으면 안 된다. 따라서 이 장에서는 지금까지 서술된 내용을 전반적으로 검토하면서 이 문제를 다루고, 21세기에 한 성인으로 살아가게 될 현재의 아이들에게 영향을 줄 수 있는 문화적 변화에 대해 알아볼 것이다.

1장에서 전문가의 역할은 아동이 가까운 가족뿐 아니라 더 넓은 사회적 환경에서 성공적인 사회생활을 할 수 있도록 도와주는 것이라고 제안했다. 이는 다문화 사회의 아이들에게 어떤 의미를 지니는가? 이상적인 다문화적 아동은 인간 경험의 다양성에 대해 더 잘 이해할 것이다. 즉, 서로 다른 문화적 배경의 사람들이 평화롭게 공존하면서 살 수 있음을 알고 문화마다 생활방식이 다를 수 있으며 다양한 종교와 신념의 존재를 이해하여 비록 이들 종교와 신념이 자신의 것과 다르다고 할지라도 선량한 사람들을 배출할 수 있음을 알 것이다. 또한 '다르다는 것'이 곧 '나쁜 것'을 의미하지 않으며 '우리와 같다는 것'이 곧 '좋은 것'을 의미하지는 않는다는 사실을 받아들일 수 있을 것이다.

다문화 사회에서는 서로 다른 문화의 구성원이 결혼할 수도 있으며 이것이 본질적인 문제가 되지도 않을 것이다. 만약 부모의 민족이나 문화적 배경이 서로 다르다면 이 아동은 양쪽 부모의 배경에 대해 자부심을 갖고 두 가지 유형의 문화적 가치관을 배울 것이다. 따라서 더 풍부해진 문화적 전통을 하나의 혜택으로 받아들이고 문화적 다양성에 대해 더 많이 즐기고 다른 사람들을 더 잘 포용할 수 있게 될 것이다.

그러나 이런 이상적인 상황이 쉽게 생길 것으로 기대하는 것은 비현실적이다. 다른 사람과 다르다는 인식이 다른 사람에 대한 두려움과 연결되거나 자존감의 상실로 변형되어 나타난다면 아동에게 문제가 생길 수 있다. 차이를 비교하는 데 문화적 요소를 강조한다면 편견을 부추기고 나아가 폭력으로까지 이어질 수 있으며 정치적·이념적·종교적·기질적 차이는 모두 '우리'와 '그들'이라고 부르게 된다.

아이들은 새로운 것을 배우는 모든 상황에서 긴장하게 된다. 일부 문화의 경우, 그 문화에 대해 배우는 것은 아이들의 인지적 능력을 벗어나 당황스러울 정도로 새로운 것이 요구되기도 하기 때문에 아이들에게 힘든 과정이 될 수 있다. 만약 새로운 상황에서 아이들에게 기대되는 행동이 자신들의 부모에게서 배운 것과 다를 경우에 아이들은 어떤 권위자에게 순종할지 그리고 어떤 모델을 따를지를 결정하는 데 어려움을 겪을 것이다.

나이 든 사람들에게도 새로운 문화에 대해 배우는 것은 기존 가치관에 대한 위협이 될 수 있기 때문에 어려운 일일 수 있다. 따라서 전통적인 가치관을 유지하고 다음 세대가 그 가치관을 계속해서 고수하도록 하는 문제는 가족 내에서 부모 세대와 자녀 세대 간 갈등의 원인이 된다. 이민 가족과 난민 가족의 부모 세대 구성원들의 경우에는 새롭게 요구되는 생활방식에 대한 준비가 적절하지 못했을 수도 있다. 어쩌면 고국에서는 부모와 조부모 세대에게 이들이 매우 큰 희망을 품고 이주한 국가의 실상에 대해 알려주는 사람이 전혀 없었거나, 누군가가 정확한 상황을 알려주려고 했더라도 그들이 그것을 인정하지 않았을 수도 있다. 새로운 언어를 쉽게 배울 수 있을 것이라는 기대는 곧 좌절로 이어질 것이다. 여러 관광 관련 기관에서는 이주 국가의 화려한 모습만 보여주기 마련이다. 이민 당국들 또한 이주 국가의 매력적인 점들을 강조하기는 하지만 보다 균형 잡힌 정보를 제공하고자 하더라도 이민 신청자들은 이 문제들을 인식하지 못했을 것이다. 난민자들에게 새로운 국가는 '약속의 땅'으로 여겨지지만 이러한 도착 당시의 초기 도취감은 곧 실망으로 바뀔 수 있다.

이러한 감정들은 이른바 '문화적 충격(Furnham & Bochner, 1986)'이라고 기술되었으며 또한 '문화 적응 스트레스'라고도 한다. 한편 현지 국가에서의 초청 근로자에 대한 조건이 근로자가 기대했던 것과 다른 경우가 매우 흔하며 이때 근로자 부모의 문제는 너무나 쉽게 자녀에게 전달되곤 한다.

이러한 이유로 인해 새로운 문화 환경에서의 초창기 생활은 가족에게 많은 스트레스를 줄 수 있다. 부모와 조부모 세대 가족 구성원들의 불안은 바로 자녀에게 전달되는데 이는 종종 자녀가 부모의 요구에 더욱 순종할 것을 강하게 요구하는 방식으로 표현된다.

이전 장에서는 주로 초기 정착 시기 이후의 장기적 관점에서 발생하는 문제를 다루었다. 새로운 문화에 적응하는 초기 단계가 더 극적이기는 하지만 이후 서서히 진행되는 적응 과정에서도 새롭게 배워야 할 것이 많이 있다.

주요 주제

지금까지 이 책은 아동 발달에서 문화적 요소의 영향에 초점을 맞추어왔다. 일부 주제는 몇몇 상황에서 반복되고 서로 밀접하게 관련되어 있다. 이들 주제는 아동과 그 가족을 다루는 전문가가 특히 고려해야 하는 사안이다. 아동은 가족과 사회 환경 속에서 고정된 상태에 있는 것이 아니라 발지너(Valsiner, 1987)의 공동 구성주의의 개념으로 이해되어야 한다는 것이 이 책의 기본적인 주제이며, 이러한 상호 작용 과정에서 전문가는 적극적이고 필수적인 역할을 맡게 된다.

　모든 문화에서 가장 보편적인 현상은 아이들에 대한 부모의 영향이다. 이 주제는 각각의 장에서 다양한 방식으로 제시되었으며 그 영향력은 아동에 대한 부모의 기대, 가족 관계에 대한 아동의 관심, 그리고 부모의 기대를 충족시키려고 노력할 때 일부 아이들에게서 생기는 불안에서 나타난다.

　3장에서 보았듯이, 가족구조와 아동 발달 목표는 서로 밀접하게 관련되어 있다. 가족구조는 다양하게 나타나며 각각의 경우에 어떻게 가족이 구성되어 있는지를 고려해야 한다. 가족 구성원들의 역할과 지위는 문화마다 상당히 다르며 전문가는 그 차이를 신중하게 인지하고 존중해야 한다. 전문가는 어린이를 부모 세대 구성원들과 의사소통하기 위한 중개자로 이용하는 것을 경계할 필요가 있다. 이러한 이유로 부모와 면담할 때 그 자녀를 통역자로 이용해서는 안 된다. 앞서 보았듯이, 또 다른 이유는 아동의 부적절한 지식 때문이다.

　문화적 차이는 또한 부모가 형제자매를 다루는 방식에도 영향을 미친다. 부모는 자녀의 연령과 성별에 따라 다르게 대하며 일부 문화에서는 전문가가 동일 가족 내 아이들을 다룰 때 반드시 알아두어야 할 정도로 형제자매의 역할을 매우 명확하게 구분한다.

　기질적 성향과 행동적 성향에서 문화적 차이가 발견된다. 그러나 모든 문화 내 개인적인 차이 또한 고려되어야 한다. 모든 행동적 다양성이 문화적 요소의 차이 때문에 나타나는 것은 아니라는 것이다.

　청소년들에게 사회적 상호 작용은 많은 문제의 원인이 될 수 있다. 6장에서 논의되었듯이, 사회적 상호 작용이 특히 문화적 정체성과 자존감, 소년 - 소녀 관계, 부모와의 관계와 관련될 때 많은 문화의 청소년들의 걱정거리가 된다.

아동의 문화적 정체성에 대한 문제는 여러 상황에서 발생할 수 있다. 그 가족이 다수 민족의 빈번한 편견의 대상이 되는 불리한 배경의 출신일 경우 문화적 정체성에 대한 인식은 아이들에게 불안의 근원이 된다. 문화적 정체성에 대한 인식은 복잡한 심리학적 개념이기 때문에 유년기에는 완전히 이루어지지 않는다. 아동이 개념적으로 자신과 다른 사람들 간의 문화적 차이를 완전히 이해하게 되는 단계로 발달했을 때 비로소 자신의 문화적 정체성에 대한 특성을 진정으로 이해하게 된다. 이는 민족적 정체성에 대한 인식과 다르다. 이 두 가지 개념의 차이는 여러 상황적 정체성에 대해 다룰 때 제시되었는데 상황적 정체성은 사람들이 문화적 환경에 따라 다른 방식으로 행동하는 자신에 대해 어떻게 생각하는지에 대해 설명한다.

상황적 정체성들은 어린아이뿐만 아니라 자신의 민족 집단 내에서 보여주는 자녀에 대한 행동이, 다른 상황에서는 다를 수 있는 부모들에게도 동일하게 적용된다. 이는 사회적 환경에 대한 적응이 용이할 수 있는 반면 자녀에 대한 부모의 행동에서의 일관성 결여로 아동을 혼란스럽게 할 것이다. 또한 이러한 가변성이 청소년 자녀의 또래 관계를 다룰 때 발생한다면 그 자녀에게 분노와 좌절을 일으킬 것이다. 이에 따라 발생 가능한 많은 결과는 아이들의 불안을 다룬 6장에서 논의되었다.

아동이 자신의 문화적 전통을 존중하도록 격려되어야 한다는 것은 앞에 서술된 여러 장에서 지속적으로 제기된 주제이다. 이를 효과적으로 하기 위해 공식적 또는 비공식적인 방식으로 아동이 자신의 문화에 대해 배우는 것을 지원할 수 있다.

　이것은 그 아동과 친구들 모두가 그들의 문화에 대한 경험과 지식을 공유하는 데 도움을 줄 것이며 전문가 또한 가족들의 문화에 대해 더 많이 배우게 된다. 문화적인 지식을 대신할 수 있는 것은 없다.

21세기로의 문화적 변화

　현재 모든 국가에서 문화적 변화가 매우 급속하게 일어나기 때문에 부모는 자녀의 미래가 어떻게 될지 쉽게 상상할 수 없는 경우가 대부분이다. 가장 전통적인 사회조차도 문화적 변화의 영향을 받고 있으므로 문화적 고립은 이제 완전히 사라졌다고도 할 수 있다.

　새로운 통신기술의 발달로 상당히 외진 곳의 사람들도 세계 곳곳에서 일어나는 일을 알 수 있게 되었다. 또한 텔레비전 생방송이나 인터넷과 전자 메일과 같은 컴퓨터 연결을 통해 즉각적인 의사소통이 가능하다. 아이들은 이러한 채널을 매우 쉽게 이용하며 부모보다 훨씬 빨리 익숙해진다.

　대중 매체는 이미 모든 나라에 영향을 미치고 있으며 많은 국가들은 고유의 오락거리를 능가하는 외국 텔레비전 쇼의 영향력이 젊은이에게 미치는 영향에 우려해왔다.

　국제적 기업과 상업광고는 많은 나라에 있는 청소년을 겨냥하고 있으며 그 결과 청소년의 식습관, 옷차림, 언어를 변화시킨다. 이러한 영향은 많은 전통적 지도자에 의해 자신들의 문화에 대한 심각한 위협으로 간주되며, 종종 전통적인 관습과 가치관을 따르도록 하는 더 거센 요구로 나타나기도 한다. 각 국가의 젊은이들은 이들 보수 세력의 빈번한 비판의 대상이 된다.

공교육은 이제 보편적인 제도지만 이것이 완전히 시행되지 않은 국가도 많다. 대다수의 국가에서 그 원인은 먼 거리 때문이다. 또한 아프리카 국가들에서처럼 빈곤으로 많은 제도가 성공적으로 실행되지 못하기도 한다. 현재의 해외 유학 추세는 계속해서 증가할 것으로 보이며 이에 따라 고유문화에 대한 국제적인 영향은 더욱 커질 것이다.

공교육 증가로 인한 가장 큰 효과는 소녀들에 대한 교육이다. 21세기 여성들은 자녀 양육 지식에 대한 접근이 더 용이해졌을 뿐만 아니라 광범위한 지식을 가지고 선진 교육과 전문적 직업에 대한 기회를 더 많이 요구할 것이다. 일부 국가에서는 이미 이러한 기회가 제공되고 있지만 여전히 많은 남성 위주에서의 무시와 차별이 존재하는 국가들도 있다.

연구(LeVine, 1989 참조)에 따르면 여성과 소녀를 위한 교육 프로그램 도입에 따른 가장 두드러진 결과 중 하나는 인구 제한의 필요성을 더 많이 이해하게 된 것이다. 다문화 사회에서는 산아 제한과 기타 성적 관습과 관련하여 일부 여성이 다른 여성들보다 더 자유롭고 이런 교육받은 여성과 종교적인 금기나 다른 문화적 금기를 통해 변화를 막는 권위자와 갈등이 있을 가능성이 있다. 오늘날의 소녀들이 성인이 되었을 때도 이러한 갈등이 어느 정도 해결될지는 분명하지 않다.

다음 세기에서는 작업장에서의 많은 전통적 방법을 대체할 새로운 유형의 기술이 요구될 것이다. 국제적 상업 기관들은 상당한 위치에서 이러한 요구를 선도하게 될 것이다. 그에 따른 영향은 많은 문화에서 전통적 기술의 소멸과 시골에서 도시로의 이주로 나타날 것이며 오늘날의 아이들은 내일의 도시 이민자와 체류자가 될 것이다.

교육과 정보에 대한 접근의 확산과 함께 공중 보건 제도에서의 개선을 기대할 수 있다. 이미 평균수명이 전체적으로 증가했다. 또한 오늘날 아이들의 질 좋은 식단과 전염병에 대한 통제로 인해 많은 나라에서 공중 보건의 질이 개선되고 있다. 그러나 전문가들도 잘 알고 있듯이 모든 나라의 아이가 이러한 혜택을 받고 있는 것은 아니다.

오늘날 많은 사람들은 국제적 여행을 통해 다른 문화를 경험할 기회가 많다. 이러한 기회가 증가하면서 다른 문화에 대한 지식이 더 필요해지고 접근도 한층 용이해질 것이다. 또한 다른 언어에 대한 지식은 지금보다 훨씬 더 큰 자산이 될 것이다.

지식 기반의 증가, 다양한 문화적 경험에 대한 기회 확대, 새로운 기술에 대한 요구로 인해 많은 전통적인 문화적 신념과 관습이 위협받을 것임은 분명하다. 이러한 상황은 이전에는 전통적인 정신적 지도자, 심령술사, 종교적 지도자들이 전해준 지식에만 의존하여 수용되었던 일부 전통적 관습에 대한 과학적 근거가 밝혀지고 기존의 신념에 대한 회의적인 태도로 진실을 탐색하려 할 것이며 이런 기존 신념이나 관습은 현대에 부적합한 것으로 판단되면 무시될 것이다.

이전 장에서 보았듯이, 그리스, 인도, 일본, 태국 등과 같이 가족의 결속력에서 매우 전통적인 많은 국가에서 확대가족 구조가 그 영향력을 잃어가고 있다. 가족 구성원들 간의 접촉은 여전히 가깝지만 전통적인 계층적 권력 구조는 붕괴하고 있다.

오늘날 아이를 키우는 어른의 입장에서 볼 때 향후 아이들과 그 부모 간의 문화적 격차는 지금보다 훨씬 더 커질 것임을 알 수 있다. 그러나 문화 간 상호 작용이 증가한다고 해서 반드시 문화적 이해가 더 확대되는 것은 아니다. 많은 다양한 문화적 배경의 아이들을 다루는 전문가는 그 아이들이 자신의 가족과 다른 아이들의 가족의 문화적 전통을 이해하도록 도와줄 수 있는 소중한 기회를 가지고 있는 셈이다. 이전 장에서 강조되었듯이, 다른 사람들의 문화를 존중한다는 것은 항상 그 문화의 모든 신념과 관습에 동의하는 것을 의미하지 않는다. 모든 문화가 시간이 지남에 따라 변화하는 것은 불가피하다. 그리고 문화적 변화가 매우 급속하게 일어나고 있기 때문에 부모가 알고 있는 세상과는 매우 다른 세상에서 살게 될 아이들을 그에 맞게 준비하도록 하는 것도 중요한 일이다.

전문가의 역할

이 책은 명확한 학술적 텍스트가 아니라 실용적인 지침서가 되고자 하는 목적으로 쓰였다. 또한 전문가들이 개인적 문제뿐 아니라 문화적 변화에 따른 문제도 적절히 다루도록 돕기 위해 쓰였다. 이 책에 서술된 내용은 모두 실제 연구결과를 토대로 한 것이지만 이와 관련된 많은 참고서적은 쉽게 볼 수 있도록 되도록 적게 기입했다. 더 자세히 알아보고 싶은 독자들은 각 장 마지막에 제공된 추천 참고도서를 이용하기 바란다. 만약 저자가 특정 사안을 필요 이상으로 축약했다면 그것은 이 책을 도서관 소장용 서적이 아니라 일상에서 실질적인 도움을 주기 위한 지침서로 제작했기 때문이다.

이 책은 아동 발달에 관한 교과서도 아니고 연구논문도 아니기 때문에, 여기에 포함된 주제는 전문적 업무에서 발생하는 유형의 문제를 중심으로 신중하게 선별되었다. 인지 발달에 관한 비교문화적 연구서는 이미 많이 나와 있기 때문에 이 책에서는 인지 발달에 관해 별도로 논의하지 않았다.

문화들 간에 흥미로운 차이점이 발견되며 이러한 차이는 충분히 배우고 고려할 만한 가치가 있는 문화적 가치관에 그 토대를 두고 있다는 것 또한 분명하다. 서로 다른 문화 사이에 존재하는 차이만큼 동일 문화 내 아이들 간에는 많은 개인적 차이가 있다. 어떤 문화 환경에 있든, 아이들은 다양한 문화적 요구에 반응할 것이다.

이 책은 아동 보육과 아동 발달 전문가를 위한 서적이다. 그렇다면 전문가란 어떤 사람을 의미하는가? 아동 관련 분야에 종사하는 사람은 매우 많기 때문에 여기서 매우 포괄적으로 지칭되는 '전문가' 범주에 자신을 포함시키지 않는 사람도 있을 수 있다. 각 분야마다 서로 다른 고유의 행동 지침과 업무 방식, 훈련이 있다. 그러나 아동 복지에 대한 공통된 관심사의 측면에서 경험을 공유할 가치가 있을 것이다.

전문가로 인해 아동의 문제 자체가 변하지는 않는다. 변화하는 것은 문제가 표현되는 방식이며 전문가가 자신의 방식으로 문제를 다룰 때 나타나는 일련의 반응이다. 그 원인은 각각의 전문가가 아동의 관점보다 자신의 관점으로 문제를 보기 때문이다. 이러한 시행착오를 겪는 전문가가 많을수록 아동의 어려움은 증가한다. 그러나 문제를 재정의함으로써 그 문제를 새롭게 통찰하게 되고 새로운 방식으로 인식하게 되면서 해결할 수 있는 경우도 있다. 이 책에 제시된 생각을 함께하여 보다 생산적인 접근을 할 수 있기를 기대해본다.

전문가는 서로 각각 다른 문화적 배경과 작업환경에서 일하고 있기 때문에 여기서 다룬 사안이 모두 동일한 상태로 적용되지는 못할 것이다. 따라서 전문가는 현재 처한 상황에서 가장 유용한 것을 선택해야 한다. 이 책이 전문가가 일상적인 업무 수행 시 또는 전문가 훈련을 받을 때 아동의 생활에 작용하는 문화의 영향을 이해하는 데 일반적으로 활용될 수 있을 것이다. 그리고 최소한 모든 아동의 생활의 중요한 측면인 이 주제에 대해 활발한 논의를 불러일으킬 수 있을 것이라 믿는다.

REFERENCES
참고문헌

Aboud, F. E & Skerry, S. A. 1984. "The development of ethnic attitudes: a critical review." *Journal of Cross-Cultural Psychology*, 15, pp.3~34.

Arellano-Carendang, M. L. 1987. *Filipino Children under Stress*. Quezon City: Ateneo de Manila University Press.

Ateca, B, Sunar, D. & Kağitçibaşi, Ç. 1994. Variance in fertility due to sex-related differentiation in child-rearing practices." Poster presentation, Twelfth Congress of the International Association for cross-Cultural Psychology, Pamplona, Spain.

Axia, G., Prior, M. & Carelli, M. G. 1992. "Cultural influences on temperament: a comparison of Italian, Italo-Australian, and Anglo-Australian toddlers." *Australian Psychologist*, 27, pp.52~56.

Bandura, A. 1986. *The Social Foundations of Thought and Action: A Social Cognitive Theory*. Englewood Cliffs, NJ: Prentice Hall.

Berry, J. W., Poortinga, Y. P., Segall, M. H. & Dasen, P. R. 1992. *Cross Cultural Psychology: Research and Applications*. Cambridge: Cambridge University Press.

Bertelli, L. 1985. "Italian families." In D. Storer(Ed.). *Ethnic Family Values in Australia*. Sydney: Prentice Hall.

Blue, A. W., Corenblum, B. & Annis, R. C. 1987. "Developmental trends in racial preference and identification in northern native Canadian children." In Ç. Kağitçibaşi(Ed.), *Growth and Progress in Cross-Cultural*

Psychology. Lisse: Swets & Zeitlinger, pp.311~320.

Bornstein, M. H. 1995. "Form and function: implications for studies of culture and human development." *Culture and Psychology*, 1, pp.123~137.

Bornstein, M. H., Azuma, H., Tamis-LeMonda, C. & Ogino, M. 1990a. "Mother and infant activity and interaction in Japan and the United States: I. A comparative microanalysis of naturalistic exchanges." *International Journal of Behavioural Development*, 13, pp.267~287.

Bornstein, M. H., Toda, S., Azuma, H., Tamis-LeMonda, C. & Ogino, M. 1990b. "Mother and infant activity and interaction in Japan and the United States: II. A comparative microanalysis of naturalistic exchanges focused on the organisation of infant attention." *International Journal of Behavioural Development*, 13, pp.289~308.

Brislin, R. 1990. *Applied Cross-Cultural Psychology.* Newbury Park, CA: Sage.

Burns, A. 1991. "When is a family?" In K. Funder(Ed.), *Images of Australian Families.* Melbourne: Longmans Cheshire, pp.23~38.

Burns, A. & Goodnow, J. J. 1979. *Children and Families in Australia.* Sydney: Allen & Unwin.

Carey, W. B. & McDevitt, S. C. 1978. "Revision of the infant temperament scale." *Pediatrics*, 68, pp.735~739.

Cashmore, J. A. & Goodnow, J. J. 1986. "Parent-child agreement on attributional beliefs." *International Journal of Behavioural Development*, 9, pp.191~204.

Child Development Centre of China. 1993. *A Compilation of the These of CDCC in the Past Decade, 1983~1993, English edition.* Beijing: Child Development Centre of China.

Chiam, H. K. 1984. "Profile of rural adolescents in Malaysia." In Y.

C. Leong Chiam & L. S. M. Chew(Eds), *Preparation for Adult-hood*. Kuala Lumpur: University of Malaya, pp.323~337.

Clark, K. & Clark, M. 1939. "The development of consciousness of self and the emergence of racial identification in Negro pre-school children." *Journal of Social Psychology*, 10, pp.591~599.

Clark, K. B. & Clark, M. P. 1947. "Racial identification and preference in Negro children." In T. M. Newcomb & E. L. Hartley(Eds). *Readings in Social Psychology*. New York: Holt, Rhinehart, pp.167~178.

Crystal, D. S., Chen, C. -S., Fuligni, A., Stevenson, H. W., Hsu, C. -C., Ko, H. -J., Kitamura, S. 1994. "Psychological maladjusment and academic achievement: a cross-cultural study of Japanese, Chinese, and American high school students." *Child Development*, 65, pp.738~753.

Doi, T. 1981. *The Anatomy of Dependence*, revised edn. Tokyo: Kodansha International.

Ekstrand, L. H(Ed.). 1986. *Ethnic Minorities and Immigrants in a Cross-Cultural Perspective*. Lisse: Swets & Zeitlinger.

Eldering. L. 1991. Intervention programmes for pre-schoolers form immigrant families: the Dutch case. In N. Bleichrodt & P. J. D. Drenth(Eds), *Contemporary Issues in Cross-Cultural Psychology*. Amsterdam: Swets & Zeitlinger, pp.64~71.

Fang, F.-X. & Keats, D. M. 1989. "The Master and the Wolf: a study in the development of social perspective taking in Chinese and Australian children." In D. M. Keats, D. Munro & L. Mann(Eds). *Heterogeneity in Cross-Cultural Psychology*. Amsterdam: Swets & Zeitlinger, pp.419~425.

Feather, N. T. 1989. "Attitudes towards the high achiever: the fall of the tall poppy." *Australian Journal of Psychology*, 41, pp.239~268.

Funder, K(Ed.). 1991. *Images of Australian Families.* Melbourne: Longmans Cheshire.

Furnham, A. & Bochner, S. 1986. *Culture Shock: Psychological Reactions to Unfamiliar Environments.* London: Methuen.

Geertz, H. 1982. *The Javanese Family,* revised edn. New York: Glencoe Free Press.

Georgas, J. 1989. "Changing family values in Greece." *Journal of Cross-Cultural Psychology,* 20, pp.80~91.

Georgas, J. & Papastylianou, D. 1994. "The effect of time on stereotypes: acculturation of returning immigrants to Greece." In A. -M. Bouvy, F. J. R. van de Vijver, P. Boski & P. Schmitz(Eds). *Journeys into Cross-Cultural Psychology.* Lisse: Swets & Zeitlinger, pp.158~166.

George, D. M & Hoppe, R. A. 1979. "Racial identification, preference, and self-concept." *Journal of Cross-Cultural Psychology,* 10, pp.85~100.

Gibson, J. L., Westwood, M. J., Ishiyama, F. I., Borgen, W. A. et al. 1991. "Youth and culture: a seventeen nation study of perceived problems and coping strategies." *International Journal for the Advancement of Counselling,* 14, pp.203~216.

Hatzichristou, C. & Hopf, D. 1995. "School adaptation of Greek children after remigration: age differences in multiple domains." *Journal of Cross-Cultural Psychology,* 26, pp.505~522.

Ho, D. Y. F. 1974. "Face, social expectations, and conflict avoidance." In Dawson, J. L. M. & Lonner, W. J(Eds). *Readings in Cross-Cultural Psychology.* Hong Kong: Hong Kong University Press, pp.240~251.

Ho, D. Y. F. 1986. "Chinese patterns of socialization: a critical review." In Bond, M. H(Ed.). *The psychology of the Chinese People.* Hong Kong: Oxford University Press, pp.1~37.

Ho, D. Y .F. 1994. Filial piety, authoritarian moralism and cognitive conservatism in Chinese societies. *Genetic, Social and General*

Psychology Monographs, pp.349~365.

Kağitçibaşi, Ç. 1994. "Human development and societal development." In A. -M. Bouvy, F. J. R. van de Vijver, P. Boski & P. Schmitz(Eds), *Journeys in Cross-Cultural Psychology*, Lisse: Swest & Zeitlinger, pp.3~24.

Kağitçibaşi, Ç. 1995. *Family and Human Development across Cultures: A view from the Other Side.* New Jersey: Erlbaum.

Kakar, S. 1979. "Childhood in India: traditional ideals and contemporary reality." *International Social Science Journal*, 31, pp.444~456.

Kashiwagi, K. 1986. "Personality development in adolescents." In H. Stevenson, H. Azuma & K. Hakuta(Eds.). *Child Development and Education in Japan*, New York: Freeman, pp.167~185.

Keats, D. M. 1981. "The development of values." In J. L. M. Binnie-Dawson, G. H. Blowers & R. Hoosain(Eds), *Perspectives in Asian cross-Cultural Psychology*. Lisse: Swets & Zeitlinger, pp.68~95.

Keats, D. M. 1986. "Using the cross-cultural method to study the development of values." *Australian Journal of Psychology*, 38, pp.297~308.

Keats, D. M. & Fang, F. -X. 1992. "The effect of modification of stimulus materials on the social perspective taking ability of Chinese and Australian children." In S. Iwawki, Y. Kashima & K. Leung(Eds.). *Innovations in cross-Cultural Psychology*. Amsterdam: Swets & Zeitlinger, pp.319~327.

Keats, D. M. & Fang, F. -X. 1996. "The development of concepts of fairness in rewards in Chinese and Australian children." In H. Grad, A. Blanco & J. Gedrgas(Eds.). *Key Issues in cross-Cultural Psychology*. Amsterdam: swets & Zeitlinger, pp.276~287.

Keller, H. & Eibl-Eiblesfeldt, I. 1989. "Concepts of parenting: the role of eye contact in early parent-child interaction." In D. M. Keats, D. Munro & L. Mann(Eds.). *Heterogeneity in cross-Cultural Psychology.*

Amsterdam: Swets & Zeitlinger, pp.468~476.

Keller, H., Scholmerich, A. & Eibl-Eiblesfeldt, I. 1988. "Communication patterns in adult-infant interaction in Western and non-Western cultures." *Journal of Cross-Cultural Psychology*, 19, pp.427~445.

Kelly, G. A. 1995. *The Psychology of Personal Constructs*. New York: Norton.

Kelman, H. C. 1961. "Processes of opinion change." *Pubic Opinion Quarterly*, 25, pp.57~78

Koops, W., Soppe, H. J. G., van der Linden, J. L., Molenaar, P. C. M. & Schroots, J. J. F(Eds.). 1990. *Developmental Psychology behind the Dikes. An Outline of Developmental Psychology Research in the Netherlands*. Delft: Uitgeverij Eburon.

Kornadt, H.-J. 1991. "Aggression motive and its developmental conditions in eastern and western cultures." In N. Bleichrodt & P. J. D. Drenth(Eds.). *Contemporary Issues in Cross-Cultural Psychology*. Amsterdam: Swets & Zeitlinger, pp.155~167.

Kornadt, H. -J., Hayashi. T., Tachibana, Y., Trommsdorff, G. & Yamauchi, H. 1992. "Aggressiveness and its developmental conditions in five cultures." In S. Iwawaki, Y. Kashima & K. Leung(Eds.). *Innovations in Cross-Cultural Psychology*. Amsterdam: Swets & Zeitlinger, pp.250~268.

Krolik, P. 1981. *Sex role perceptions of educated young women from five cultures*. Unpublished M. Sc. Thesis, University of Newcastle, Australia.

Lazarevic, R. 1992. *The self-esteem of rural and urban Aboriginal school students in New South Wales*. Unpublished M. Psych(Ed.). Thesis, University of Newcastle, Australia.

LeVine, R. A. 1989. "Maternal schooling and reproduction in developing countries." In D. M. Keats, D. Munro & L. Mann(Eds.). *Heterogeneity in Cross-Cultural Psychology*. Amsterdam: Swets & Zeitlinger, pp.462~467.

Liddell, C., Kvalsving, J., Shababala, A. & Masilela, P. 1991. "Historical perspectives on South African childhood." *International Journal of Behavioural Development*, 14, pp.1~19.

Markus, H. R. & Kitayama, S. 1991. "Culture and the self: implication for cognition, emotion and motivation." *Psychological Review*, 98, pp. 224~253.

McDonald, P. 1991. "Migrant family structure." In K. Funder(Ed.). *Images of Australian Families*. Melbourne: Longmans Cheshire, pp.102~121.

McInerney, D. M. 1990. "The determinants of motivation for urban Aboriginal students: a cross-cultural analysis." *Journal of Cross-Cultural Psychology*, 21, pp.474~495.

Meng, Z. -L. 1994. The only children's early rearing in urban China. Unpublished paper presented to the 13th Biennial Meeting of the International Society for the Study of Behavioural Development, Amsterdam.

Mulder, N. 1992a. *Individual and Society in Java*, revised edn. Jogjakarta: Gajah Mada University Press.

Mulder, N. 1992b. *Inside South-East Asia: Thai, Javanese and Filipino interpretations of Everyday Life*. Bangkok: Editions Duang Kamol.

Munroe, R. L. & Munroe, R. H. 1994. *Cross-Cultural Human Development*, revised eds. Prospect Heights, IL: Waveland Press.

Naidoo, J. C. 1985. "A cultural perspective on the adjustment of South Asian women in Canada." In I. Reyes Lagunes & Y. H. Poortinga(Eds.). *From a Different Perspective: Studies of Behavior Across Cultures*. Lisse: Swets & Zeitlinger, pp.76~92.

Naidoo, J. C. 1986. "Value conflicts for South Asian women in multi-cultural Canada." In L. H. Ekstrand(Ed.). *Ethnic Minorities and Immigrants in a Cross-Cultural Perspective*. Lisse: Swets & Zeitlinger, pp.132~146.

Naidoo, J. C. & Davis, J. C. 1986. "Canadian South Asian women in transition: a dualistic view of life." *Journal of Comparative Family Studies*, 19, pp.311~327.

Nsamenang, A. B. 1992. H*uman Development in Cultural Context: A Third World Perspective.* Thousand Oaks, CA: Sage.

Nsamenang, A. B. 1995. "Theories of developmental psychology form a cultural perspective: a viewpoint from Africa." *Psychology and Developing Societies*, 7, pp.1~19.

Nsamenang, A. B. & Lamb, M. E. 1993. "The acquisition of sociocognitive competence by NSO children in the Bamenda Grasslands of Northwest Cameroon." *International Journal of Behavioural Development*, 16, pp.429~441.

Oner, N. & Tosun, U. 1991. "Adjustment of the children of re-migrant workers in Turkey: A comparison of immigrant and non-migrant Turkish adolescents." In N. Bleichrodt & P. J. D. Drenth(Eds.). *Contemporary Issues in Cross-Cultural Psychology.* Amsterdam: Swets & Zeitlinger, pp.155~167.

Pedersen, P. B., Draguns, J. G., Lonner, W. J. & Trimble, J. E(Eds). 1989. *Counseling Across Cultures*, 3rd edn. Honolulu: University of Hawaii Press.

Pels, T. 1991. "Developmental expectations of Moroccan and Dutch parents." In N. Bleichrodt & P. J. D Drenth(Eds.). *Contemporary Issues in Cross-Cultural Psychology.* Lisse: Swets & Zeitlinger, pp.64~71.

Phinney, J. S., DuPont, S., Espinosa, C., Revill, J. & Sanders, K.1994. "Ethnic identity and American identification among ethnic minority youths." In A. -M. Bouvy, F. J. R. van de Vijver, P. Boski & P. Schmitz(Eds.). *Journeys in Cross-Cultural Psychology.* Amsterdam: Swets & Zeitlinger, pp.167~183.

Piaget, J. 1932. *The Moral Judgement of the Child.* London: Routledge & Kegan Paul.

Piaget, J. 1981. *Intelligence and Affectivity: Their Relationship during Child Development*(translated and edited by T. A. Brown & C. E. Kaegi). Palo Alto, CA: Annual Reviews Inc.

Piaget, J. & Weil, A. J. 1951. "The development of children's ideas of the homeland and of relations to other countries." *International Social Science Journal*, 3, pp.561~578.

Power, T. G., Kobayashi-Winata, H. & Kelley, M. L. 1992. "Childrearing patterns in Japan and the United States: a cluster analytic study." *International Journal of Behavioural Development*, 15, pp.185~205.

Prior, M., Guarino, E., Sanson, A. & Oberklaid, F. 1987a. "Ethnic influences on 'difficult' temperament and behavioural problems." *Australian Journal of Psychology*, 39, pp.163~171.

Prior, M. R., Kyrios, M. & Oberklaid, F. 1986. "Temperament in Australian, American, Chinese and Greek infants: some issues and directions for future research." *Journal of Cross-Cultural Psychology*, 17, pp.455~474.

Prior, M., Sanson, A. & Oberklaid, F. 1989. "The Australian temperament project." In G. Kohnstamm, J. Bates & M. Rothbart(Eds.). *Temperament in Childhood.* Chichester: Wiley, pp.537~554.

Prior, M., Sanson, A. & Oberklaid, F. & Northam, E. 1987b. "Measurement of temperament in 1 to 3 year old children." *International Journal of Behavioural Development*, 10, pp.121~132.

Rosenthal, D. A., Demetriou, A. & Efklides, A. 1989. "A cross-national study of the influence of culture on conflict between parents and adolescents." *International Journal of Behavioural Development*, 12, pp.207~219.

Rutheford, G. D. 1993. *The development of concepts of cultural identity in*

Thai and Australian school students. Unpublished Ph. D. Thesis. Australia: University of Newcastle.

Saraswathi, T. S., & Dutta, R. 1987. "Cross-cultural research in developmental psychology: retrospect and prospect in India." In Ç. Kağitçibaşi(Ed.). *Growth and Progress in Cross-Cultural Psychology*. Lisse: Swets & Zeitlinger, pp.148~158.

Schmitz, P. 1992. "Acculturation styles and health." In S. Iwawaki, Y. Kashima & K. Leung(Eds.). *Innovations in Cross-Cultural Psychology*. Amsterdam: Swets & Zeitlinger, pp.152~163.

Segall, M. H., Dasen, P., Berry, J. W. & Poortinga, Y. H(Eds.). 1990. *Human Behavior in Global Perspective: An Introduction to Cross-Cultural Psychology*. New York: Pergamon.

Selman, R. L. 1980. *The Growth of Interpersonal Understanding*. New York: Academic Press.

Setiono, K. 1994. An indigenous approach to Javanese adolescents. Unpublished paper in the Symposium on Indigenous Approaches to Developmental Psychology, 13th Biennial Meeting of the International Society for the study of Behavioural Development, Amsterdam, July.

Sinha, S. R. 1995. "Childrearing practices relevant to the growth of dependency and compectence in children." In J. Valsiner(Ed.). *Child Development within Culturally Structured Environments*. Vol. 3, *Comparative-Cultural and Constructivist Perspectives*. New Jersey: Ablex, pp.105~137.

Skolnick, A. S. 1986. *The Psychology of Human Development*. New York: Harcourt Brace Jovanovich.

Stevenson, H., Azuma, A. & Hakuta, K(Eds.). 1986. *Child Development and Education in Japan*. New York: Freeman.

Storer, D(Ed.). 1985. *Ethnic Family Values in Australia*. Sydney: Prentice

Hall.

Suvannathat, C., Bhanthumnavin, D., Bhuapirom, L. & Keats, D. M(Eds.).
1985. *Handbook of Asian Child Development and Child Rearing
Practices.* Bangkok: Behavioral Science Research Institute.

Thomas, D. R. 1986. "Culture and ethnicity: maintaining the distinction."
Australian Journal of Psychology, 38, pp.371~380.

Thomas, A., Chess, S. & Birch, H. G. 1970. "The origin of personality." Scientific
American, 223(2). Cited in A.S. Skolnick(1986), *The Psychology of
Human Development.* New York: Harcourt Brace Jovanovich.

Valsiner, J. 1987. *Culture and the Development of Children's Action: A
Cultural-Historical Theory of Developmental Psychology.* Chichester:
Wiley.

Valsiner, J(Ed.). 1995. *Child Development within Culturally Structured Environments.*
Vol. 3: *Comparative-Cultural and Constructivist Perspectives.* New Jersey:
Ablex.

Vanindananda, N. M. S. 1985. "Social perspective taking." In C. Suvannathat,
D. Bhanthumnavin, L. Bhuapirom & D. M. Keats(Eds.). *Handbook
of Asian Child Development and Child Rearing Practices.* Bangkok:
Behavioral Science Research Institute.

Verma, J. 1995. "The transformation of women's roles in India." In J. Valsiner
(Ed.). *Child Development within Culturally Structured Environments.*
Vol. 3: *Comparative-Cultural and Constructivist Perspectives.* New
Jersey: Ablex, pp.138~163.

Weinreich, P. 1986. "Identity development in migrant offspring: Theory
and practice." In L. H. Ekstrand(Ed.). *Ethnic Minorities and
Immigrants in a Cultural Perspective.* Lisse: Swets & Zeitlinger,
pp.230~239.

Weinreich, P. Kelly, A & Maja, C. 1987. "Situated identities, conflicts
in identification and own group preference: rural and urban youth

in South Africa." In Ç. Kağitçibaşi(Ed.). *Growth and Progress in Cross-Cultural Psychology*. Lisse: Swets & Zeitlinger, pp.321~326.

White, M. J., LeVine, R. A. 1986. "What is an *ii ko*(good child)? In H. Stevenson, H. Azuma & K. Hakuta(Eds.). *Child Development and Education in Japan*. New York: Freeman, pp.55~62.

Williams, J. E. & Best, D. L. 1982. *Measuring Sex Stereotypes: A Thirty Nation Study*. Beverly Hills, CA.: Pergamon.

Wingerson, L. 1990. *Mapping Our Genes: The Genome Project and the Future of Medicine*. New York: Dutton.

Zhang, Y. Kohnstamm, G. A. & van der Kamp, L. T. T. 1993. "Temperament difference in young Chinese children." *In A Compilation of the Theses of CDCC in the Past Decade, 1983~1993*, English edn. Beijing: Child Development Centre of China, pp.135~151.

저자 소개

다프네 키츠(Daphne Keats)는 오랜 기간 동안 호주와 여러 아시아 국가에서 아이들을 교육하고 연구해온 비교문화 심리학자이다.

호주 뉴캐슬대학교 심리학부 부교수로 재직하다 은퇴한 후 현재 뉴캐슬대학 심리학부 명예 부교수로서 대학원생을 지휘하며 말레이시아, 중국, 태국에서 동료들과 연구를 계속하고 있다.

다프네 키츠는 아시아 출신 동료들은 물론 자신의 학생들과 더불어 말레이시아, 태국, 중국뿐 아니라 호주 내 소수 민족들을 대상으로 많은 연구를 수행했으며, 태국 동료들과 『아시아 아동 발달 및 아동 양육 관습에 관한 안내서(Handbook of Asian Child Development and Child Rearing Practices)』를 공동 집필했다. 또한 아동 및 청소년 발달에 관한 아시아 워크숍(Asian Workshop in Child and Adolescent Development) 기획위원회 회원이며, 이들 워크숍에 수차례 강사로 초빙되기도 했다. 1988년 뉴캐슬에서 개최된 제9회 세계 심리학회 회보인 『비교문화 심리학에서의 이질성(Heterogeneity in Cross-Cultural Psychology)』을 공동 집필했으며, 이 외에도 콜롬보 계획에 참여했다가 귀국한 호주 학생들에 대한 연구서인 『아시아에서의 귀환(Back in Asia)』과 전문 업무 및 연구 분야에서 개발 중인 기술에 대한 안내서인 『기술 인터뷰(Skilled Interviewing)』 등을 저술했다.

뉴캐슬대학 심리학부에 재직하는 동안 교육현장에서 활동할 심리학자들을 수련하는 대학원생 (교육)심리학 석사 프로그램에 밀접하게 관여했다. 현재 뉴사우스웨일스주의 전문 심리학자이자 호주 심리학회 정회원이며, 이 학회 회장을 역임했다.

1996년 8월에 비교문화 심리학 분야에서의 업적을 인정받아 국제비교문화 심리학회의 명예 회원이 되었으며, 국제 비교문화 심리학회 출범 이래 활발한 활동을 해왔다.

10년 동안 호주와 태평양 지역을 대표했으며, 지난 5년간 ≪비교문화 심리학 저널(Journal of Cross-Cultural Psychology)≫의 부편집자로 일했다.

역자 소개

김영화 서울 강동신경정신과 원장

이화여자대학교 의과대학 및 대학원 졸업

신경과, 정신과전문의 자격 취득

서울대학교병원 소아정신과 전임의 수료

소아청소년정신과 전문의 자격 취득

미국 유타주 PCMC(Primary Children's Medical Center) 및 유타주립대

학 소아정신과 연수

소아청소년정신과 전문의 · 성인정신과 전문의

서울대학교 소아정신과 임상자문의

서울 아산병원 소아정신과 임상자문의

울산대학교 의과대학 정신과 외래교수

한림대학교 의과대학 정신과 외래교수

서울시 강동구의사회 부회장 역임

대한신경정신과의사회 부회장 역임

저서 및 논문

『내 아이 마음에 무슨 일이 생긴 걸까』(2009), 『사춘기 뇌가 위험하

다』(2011), 『학교폭력, 청소년 문제와 정신건강』(2012), 『사춘기 엄
마가 모르는 아이의 비밀』(2012)
「청소년 정신분열증 환자 모친의 정신병리에 관한 연구」, 「신경정
  신의학」외 다수

방송 출연
EBS 라디오 ≪생방송 자녀교육 상담≫ 정기 상담자
평화 라디오 방송 자녀교육 상담 프로그램 장기상담 전문의
KBS ≪무엇이든 물어보세요≫
EBS TV 자녀교육 상담 프로그램
다솜 케이블 교육방송 상담 전문의
경인방송 다문화가족 치료프로그램
C&M 케이블TV ≪TV위크앤-우울증 치료≫
생활건강TV ≪메디컬 인사이드 뉴스≫ '소아정신과 명의 포커스인
메디'
아리랑TV ≪다문화 다가정 다함께≫(188개국 방영)
MBN TV ≪볼만한 책≫
SBS TV ≪꾸러기 탐구생활≫ 'IQ란 무엇인가'
KTV ≪현장포커스, 우리명절 - 우리놀이로≫

한울아카데미 1243
소아정신과 의사가 권하는
다문화 사회 아동정신건강 지키기
다문화 사회와 어린이

ⓒ 김영화, 2010

지은이 ∣ 다프네 키츠
옮긴이 ∣ 김영화
펴낸이 ∣ 김종수
펴낸곳 ∣ 도서출판 한울

편집책임 ∣ 김경아

초판 1쇄 발행 ∣ 2010년 3월 25일
초판 2쇄 발행 ∣ 2014년 2월 5일

주소 ∣ 413-756 경기도 파주시 광인사길 153 한울시소빌딩 3층
전화 ∣ 031-955-0655
팩스 ∣ 031-955-0656
홈페이지 ∣ www.hanulbooks.co.kr
등록 ∣ 제406-2003-000051호

Printed in Korea.
ISBN 978-89-460-4821-8 93330